CW00419644

FRENCH
FOR
BUSINESS
Fifth Edition

FRENCH
FOR
BUSINESS
Fifth Edition

SUPPORT BOOK

Malcolm Bower and Lucette Barbarin

Hodder & Stoughton

A MEMBER OF THE HODDER HEADLINE GROUP

Orders: please contact Bookpoint Ltd, 130 Milton Park, Abingdon, Oxon OX14 4SB. Telephone: (44) 01235 827720, Fax: (44) 01235 400454. Lines are open from 9.00 – 6.00, Monday to Saturday, with a 24 hour message answering service.

British Library Cataloguing in Publication Data

A catalogue record for this title is available from The British Library

ISBN 0 340 846992

First published 2002

Impression number   10 9 8 7 6 5 4 3 2

Year   2007 2007 2006 2005 2004 2003

Typeset by Servis Filmsetting Ltd., Manchester

Printed in Great Britain for Hodder & Stoughton Educational, a division of Hodder Headline 338 Euston Road, London NW1 3BH by The Bath Press, Bath.

Contents

Transcripts to the listening exercises

Chapter 1

Section B

C Soixante-seize; quatre-vingt-neuf; quatre-vingt-dix-sept; cent soixante-treize; quatre mille huit cent quatre-vingt-quatorze; une centaine d'euros; des milliers de livres; la première fois; la cinquième rue; au deuxième étage; deux tiers; trois huitièmes; quatre cinquièmes; un dixième; zéro virgule cinq pour cent; quatre-vingt-dix-neuf virgule neuf pour cent.

D Je m'appelle Buron Henri. Mon nom s'écrit B-u-r-o-n. Je voudrais une chambre pour une personne pour les nuits du vingt-neuf et du trente avril. Je voudrais la chambre avec douche et WC si possible. Je prendrai le petit déjeuner à la française dans ma chambre et je voudrais qu'on m'appelle à 07h30. Merci beaucoup.

a C'est de la part de Monsieur et Madame Thévenin. Je vais vous l'épeler . . . T-h-é-v-e-n-i-n. Il nous faut une chambre avec un grand lit avec salle de bain et WC pour les nuits du seize, dix-sept et dix-huit juin. Le matin on ne mange jamais grand' chose: mon mari prend du thé et moi du café, mais ce n'est pas la peine de monter le petit déjeuner; on mangera en bas. Je vous remercie.

b C'est au nom de Mademoiselle Cavasse . . . C-a-v-a-s-s-e. Pour la nuit du douze août auriez-vous une chambre avec douche? Je serai très occupée le lendemain, alors j'aimerais bien que l'on m'appelle à sept heures moins le quart pour que je puisse déjeuner rapidement dans ma chambre.

c Il nous faut deux chambres à deux lits car mon mari et moi serons accompagnés de nos deux fils. Une des chambres avec salle de bains et l'autre avec douche et WC. Ce sera pour les nuits du douze et du treize juillet et au nom de Coubertin. Ça s'écrit C-o-u-b-e-r-t-i-n. Nous prendrons tous le petit déjeuner dans la salle de restaurant; mon époux et moi adorons votre petit déjeuner, mais nos enfants ne mangent jamais beaucoup le matin. Merci bien.

Section C

B – Hôtel Mantel bonjour . . .

– Bonjour madame, Je représente l'agence de voyages Frantours (F-R-A-N-T-O-U-R-S) de Nantes. Est-ce que votre hôtel pourrait accueillir un groupe de touristes pour la nuit du 27 au 28 juillet?

– Il s'agit de combien de personnes en tout monsieur?

– Ce serait un groupe de 35 personnes en tout. Il nous faudrait dix chambres doubles et neuf simples et deux chambres de famille pour 3 personnes pour les deux couples avec de jeunes enfants. Les chambres doubles et les chambres de famille avec salle de bains; pour les simples douche et WC seulement.

– Et qu'est-ce qu'il vous faut comme repas monsieur?

– Le repas du soir en arrivant et le petit déjeuner le lendemain matin.

– Et vous comptez arriver à quelle heure le 27?

– Vers 18 h. Nous serons en car, donc nous aimerions pouvoir le garer à proximité de l'hôtel.

– Pas de problème monsieur. Vous pouvez le garer en toute sécurité sur la Place de la République à trente mètres de l'hôtel. Ecoutez, je vais me renseigner pour les chambres et je vous retéléphonerai dans la matinée.

– D'accord.

– Alors vous êtes . . .?

– Monsieur Dalibert . . . D-a-l-i-b-e-r-t . . . et vous pouvez me joindre au 02 51 76 87 33.

C – Hôtel Central bonjour . . .

– Bonjour monsieur. La Société Frantec de Lyon m'a chargée d'organiser une conférence de trois jours du 15 au 17 avril prochain pour tous nos représentants en métropole. Est-ce que votre hôtel est équipé pour conférences et séminaires?

– Bien sûr madame. Ce serait pour combien de personnes en tout?

— En tout une trentaine de délégués. La conférence commencerait à 10h le 15 et se terminerait à 18h le 17. Donc café en arrivant le 15 et en milieu de matinée les autres jours. Déjeuner et dîner le 16 et petit déjeuner et déjeuner le 17.

— Très bien, c'est noté madame. Et qu'est-ce qu'il vous faut comme équipement?

— Il nous faut une grande salle de conférences plus deux petites salles pour le travail en groupes. Bien sûr nous aurons également besoin de magnétoscopes et de rétroprojecteurs dans toutes les salles.

— Ecoutez madame, je ne vois pas de problème en ce qui concerne l'équipement et les repas mais pour l'hébergement il me faut davantage de précisions sur le nombre et le type de chambre que vous désirez.

— D'accord. Je vous confirmerai le nombre exact et le type de chambre cet après-midi avant 16h30.

— Très bien madame, et à ce moment-là, je pourrais vous donner une idée du prix. Vous pourriez peut-être me laisser votre numéro de téléphone?

— Bien sûr. C'est le 04 72 32 76 91 et c'est de la part de Madame Calavas.

Chapter 2

Section B

B Avec une superficie de cinq cent cinquante mille kilomètres carrés, la France est quatorze fois moins grande que les Etats-Unis, mais elle tiendrait dix-sept fois dans la Chine!

A l'échelle européenne pourtant la France arrive en tête, étant plus grande que l'Espagne, qui a une superficie de cinq cent quatre mille kilomètres carrés, et aussi que l'Allemagne qui n'en a que trois cent cinquante-six mille. La Grande-Bretagne, avec ses deux cent quarante-quatre mille kilomètres carrés est moitié moins grande.

Section C

B 1 Alors, je m'appelle George Leroy. Je suis ingénieur et je travaille pour une société qui s'appelle la S.A.M., c'est-à-dire la Société Auvergnate de Manutention, (euh) qui est une *sulsidiary C°*

entreprise de construction mécanique. Le siège social est à Clermont-Ferrand en Auvergne, mais nous avons deux filiales, l'une à Perpignan et l'autre à Lyon. En tout il y a, je crois, à peu près 3,500 employés. J'ai 48 ans et je suis entré dans la compagnie le 20 mai 1994. J'occupe actuellement le poste de directeur du bureau de recherche.

2 Eh bien, je m'appelle Anne-Marie Martin. Je suis standardiste chez Interroute; c'est une société de transport routier basé à Brest en Bretagne. Nous avons des filiales à Strasbourg et à Paris et nous employons à peu près 450 personnes dont la moitié sont des chauffeurs.

J'ai suivi une formation de secrétaire tri-lingue (français, anglais, allemand) et je réponds aux nombreux appels venant de l'étranger. J'ai 29 ans et je travaille dans la société depuis le 15 juillet 1999.

3 Bonjour, mon nom est Claude Bernard. J'ai 30 ans et je suis titulaire d'un BTS en marketing international. Depuis le 11 novembre 2001 je suis adjoint au directeur d'une société de marketing à Marseilles qui s'appelle Midi Publicité avec un effectif de quelque 200 personnes. C'est une société internationale avec des agences dans le sud de l'Espagne et le nord de l'Italie.

Chapter 3

Section B

E Allô? M. Joussein à l'appareil. Je peux vous laisser un message pour Mademoiselle Mondière? . . . Très bien. Alors pourriez-vous lui dire que je regrette mais je suis obligé de repousser ma visite à Paris fixée pour le dix-huit. C'est que . . . euh . . . en ce moment il y a trop de travail à l'usine. Nous venons de recevoir une grosse commande d'un client allemand, et

malheureusement il y a beaucoup d'ouvriers qui sont absents en ce moment à cause d'une épidémie de grippe. En plus nous avons le problème d'une grève du personnel dans le service des expéditions. Je ne vois vraiment pas comment nous allons faire pour exécuter la commande en temps voulu! De toute façon, il est évident que je ne peux pas m'absenter en ce moment. Je suis obligé de téléphoner aujourd'hui car le reste de la semaine je vais être très occupé. Dites-lui que je vais lui retéléphoner la semaine prochaine pour fixer un autre rendez-vous. Je suis désolé. Merci.

Section C

C — Oui, Air France bonjour . . .

— Oui, bonjour madame. Je vous appelais parce que j'ai quelques petits trajets à faire en France en partant de Paris. Je souhaiterais aller à Bordeaux, à Toulouse, à Marseille et à Strasbourg.

— Oui.

— J'ai plus de 26 ans.

— Oui, parce que . . . donc vous n'avez droit à aucune réduction si vous voyagez tout seul maintenant . . . donc soit vous achetez des tarifs 'week-end' avec au minimum la nuit du samedi à dimanche sur place, soit vous prenez une carte 'évasions' et vous avez des réductions sur les vols bleus en semaine et les vols bleus et blancs le week-end.

— Alors . . .

— Et la carte 'évasions' c'est 198 €. Si vous voyagez donc soit avec une réduction carte évasion, soit avec un tarif week-end, vous êtes dans la classe 'loisirs' et vous avez un service de boisson gratuite à bord . . . voilà.

— Il est fort probable, madame, que je parte très, très tôt le matin; j'ai droit à un petit déjeuner?

— Non, il y a des boissons uniquement, hein.

— Très bien.

— Voilà.

— Merci beaucoup, madame.

— Merci, au revoir monsieur.

— Au revoir madame.

Chapter 4

Section B

D Ecoute, François, comme je vais être absent pendant quelques jours, je voulais te laisser un mot pour te dire ce que j'ai fait et ce que je n'ai pas eu le temps de faire avant de partir.

J'ai téléphoné à la maison Jaillet, mais je n'ai pas encore eu le temps de téléphoner chez Bourquin. J'ai réussi à prendre rendez-vous avec Chabuel, je l'ai vu quand il était chez nous mardi dernier, et j'ai organisé la démonstration de la nouvelle machine pour les techniciens. J'ai dicté la lettre à Verdier mardi matin et ma secrétaire l'a tapée tout de suite après.

Elle l'a posée sur mon bureau pour que je la signe et je l'ai complètement oubliée. Est-ce que tu peux demander à ma secrétaire de la signer pour moi et de la mettre à la poste demain?

Elle nous a réservé des places dans le train pour Lyon, mais le bureau d'Air France était occupé quand elle a téléphoné, donc elle n'a pas pu confirmer s'il y avait des places dans l'avion pour Genève samedi prochain. Elle devrait faire ça d'urgence — tu sais comme les avions Paris–Genève sont toujours pleins . . . J'ai déjà noté les horaires d'Air France et de la Swissair pour Genève, donc s'il y a des problèmes ils sont sur mon bureau. J'ai annulé la visite de la succursale de Lille et je voulais prévenir le patron de cette décision, mais je n'ai pas eu le temps. Comme tu vas le voir, rappelle-lui que nous dînons avec les Japonais vendredi prochain — il l'a

certainement oublié! Je voulais aussi contacter Jospin mais il était en voyage d'affaires quand j'ai téléphoné. Peux-tu le faire à ma place?

Section C

C — Monsieur Lefebvre, vous êtes dirigeant-fondateur de Sofitind, qui est, je crois, à l'heure actuelle, le seul fabricant de films d'emballage industriels.

— C'est exact. Notre produit est commercialisé sous le nom de Valsem. C'est un emballage à haute performance qui empêche la corrosion et la pénétration de gaz et de tout liquide. Il est souple et résistant à toute perforation.

— Et qui sont vos clients?

— Notre premier client était l'armée qui a longtemps utilisé le Valsem pour protéger ses matériels de la corrosion. Le second type de client c'est l'emballeur industriel qui doit protéger des marchandises diverses contre toutes agressions extérieures. Puis, par la suite, la demande est venue des sociétés qui avaient besoin d'emballages solides pour leurs marchandises — par exemple des transporteurs et de grands industriels exportateurs. Nous avons à l'heure actuelle quelque 750 clients en Europe dans le domaine des équipements électriques, électroniques, automobiles et dans le nucléaire.

— Donc votre produit doit se conformer aux différentes normes européennes?

— Tout à fait; le Valsem est conforme aux quatre normes française, américaine, anglaise et allemande. D'ailleurs l'Allemagne est notre premier marché européen et notre seul vrai concurrent, Mauser, est allemand.

— Vous êtes déjà le premier fabricant de films d'emballage en France avec un chiffre d'affaires de 9 millions d'euros. Que voulez-vous faire de plus?

— Notre objectif est de devenir le numéro un sur le vieux continent. Pour cela, il faudra prendre pied sur les marchés de l'agro-alimentaire industriel, de la chimie et de la pharmacie. Dans ce but nous avons l'intention dans les deux années à venir d'investir au total 2 millions d'euros en matériels, machines et nouveaux locaux.

— Monsieur Lefebvre, je vous remercie et je vous souhaite bonne chance.

(Adapted from *Entreprises Rhône-Alpes*, le magazine économique de BREF)

Chapter 5

Section B

E a C'est de la pâte à chou avec de la crème fraîche à l'intérieur, servie avec une sauce au chocolat chaude.

b Ce sont des légumes crus, râpés ou coupés, assaisonnés et accompagnés d'une sauce vinaigrette.

c C'est un ragoût de mouton avec des navets et des oignons et des carottes, le tout cuit ensemble.

d Ce sont des couches de pommes de terre coupées en rondelles fines, avec un mélange de gruyère râpé et de la crème entre chaque couche. Le tout cuit au four.

e C'est du bœuf avec un mélange de lardons, d'oignons et un bouquet garni.

Section C p 97

C – Claude Satinet, bonjour.

– Bonjour.

– Vous êtes le directeur général de Citroën; d'abord, qu'est-ce que vous présentez à ce salon sur votre stand?

– Ah, c'est un grand salon pour nous. Il y a plusieurs nouveautés. Il y a d'abord le break C5 . . . et puis il y a surtout la présentation C3, la nouvelle Citroën, son premier contact, d'abord avec la presse puis avec le public.

– Oui, c'est une petite voiture innovante déjà par ses formes?

– C'est une 'grande' petite voiture, si je peux utiliser cette formule, parce qu'elle vient dans notre gamme exactement à moitié chemin entre Saxo et Xsara.

– Oui, plus haute que les petites voitures de cette taille en général de cette longueur?

– Elle est 5cm plus haute que les concurrentes de ce segment, tout à fait.

– Et pour la motorisation?

– Pour la motorisation elle aura trois moteurs essence: 1,1 litres; 1,4 litres; et 1,6 litres et puis deux moteurs diesel de 1,4 litres – du diesel très très performant – un 75CV et un 90CV.

– Quel a été le premier accueil des professionnels sur le stand?

– L'accueil est enthousiaste, c'est absolument enthousiaste. Tout le monde la trouve extraordinairement séduisante en demandant pourquoi on ne la livre pas plus tôt, pourquoi notre capacité est insuffisante, etc.

– Et justement, quand pourra-t-on rouler en C3?

– On pourra rouler en C3 en France fin mars, début avril.

– Oui, et c'est fini chez Citroën les noms pour les nouveaux modèles. Maintenant vous mettez un C et un chiffre simplement?

– Oui, nous avons inauguré ce nouveau système d'appellation avec C5 – C comme Citroën, c'est relativement facile à retenir.

– Certes.

– Et puis un numéro qui donne la situation dans la gamme en commençant à 2 qui sera un jour une voiture en bas de gamme et 6 qui sera en 2004 notre berline de haut de gamme.

. . .

– On ne parle pas encore de prix, bien sûr, pour la C3.

– Non, c'est un petit peu tôt, disons qu'elle sera positionnée dans la gamme comme ses concurrentes du moment.

– La maison Citroën se porte bien, je crois, en général?

– Tout à fait. Citroën va bien. Nos ventes ont beaucoup progressé; elles ont progressé l'année dernière et cette année nous sommes entre 9% et 10% au-dessus des ventes de l'année dernière sur les huit premiers mois. Tout va bien.

– Qu'est-ce qui vous a frappé dans ce Salon de Francfort, à part, bien sûr, le stand Citroën?

– Le fait qu'il y ait beaucoup de nouveautés dans la même concurrence, dans le même segment que la Citroën C3 puisque c'est également une présentation. Je ne les ai pas encore vues, donc je ne peux encore vous les détailler . . . de la fois de la nouvelle Polo, de la nouvelle Fiesta le segment va être très animé. C'est très bien pour nous.

– Claude Satinet, bonne journée.

– Merci.

(Extrait d'une interview de Claude Satinet, *Journal du midi*, Europe 1.)

Chapter 6

Section B

E a Quand est-ce qu'il va rencontrer le Directeur Général?

b Quand est-ce qu'il va envoyer la lettre aux concessionnaires?

c Quand est-ce qu'il va faire visiter l'usine aux Allemands?

d Est-ce qu'il va les emmener à l'aéroport après?

e Est-ce qu'il va voir le représentant de chez Barillac avant d'aller à Zurich?

f Et à propos de notre voyage à Zurich . . . quand est-ce qu'il va prévenir Zurich de notre arrivée vendredi?

g Est-ce qu'il va nous réserver des chambres d'hôtel?

h Où est-ce que nous allons nous rencontrer vendredi et à quelle heure?

i Comment ira-t-il à l'aéroport?

j Avez-vous des précisions sur le vol que nous allons prendre?

Section C

D – Bonjour. C'est une première dans le secteur de la téléphonie mobile. Les ventes sont en baisse dans le monde au second trimestre 2001 – moins 8,4% comparées à la même période un an plus tôt. Le secteur est dans une sorte d'effet d'attente, attente de la nouvelle technologie – le GPRS. Les ventes reculent et, pire encore, les stocks de mobiles s'accumulent chez les opérateurs et chez les fabricants d'appareils. Mais il n'y a pas de quoi s'inquiéter outre mesure selon Dominique Roux, membre de l'ART – l'Autorité de Régulation des Télécoms . . .

– D'abord il ne faut pas être trop pessimiste. Elles sont passées de 96 millions au premier trimestre à 89 millions au deuxième trimestre; c'est quand même encore des ventes considérables, et puis il va y avoir des nouveaux facteurs de développement du marché. Le premier c'est le GPRS. Le GPRS, ce sera donc la possibilité d'avoir Internet sur son mobile, donc ça va stimuler le marché. Et puis deuxième aspect, pour l'instant on était dans la plupart des cas dans un marché de premier équipement . . . et il va y avoir, on va commencer à arriver au renouvellement des terminaux.

– Alors il y a des pays dans lesquels le taux d'équipement est très élevé – je pense aux pays scandinaves, et plus près de chez nous, en Italie et d'autres pays dans lesquels il y a encore de la marge à vendre avant d'en arriver au marché du renouvellement.

– Oui, alors il y a encore beaucoup de marge – aussi bien en Allemagne d'ailleurs qui est à peu près au niveau français, au Japon qui est en-dessous de la France et de l'Allemagne en taux d'équipement. Donc il y a encore des marchés – j'allais dire 'matures' – et puis il y a des nouveaux marchés comme la Chine et l'Inde. Alors là ce sont des marchés à terme considérables parce qu'on table sur plusieurs milliards d'habitants et si, à terme, ils ont le même développement que pour le téléphone fixe, vous vous rendez compte du marché que cela va représenter pour les opérateurs?

(Extrait d'une interview entre un journaliste d'Europe 1 et Dominique Roux de l'ART au cours de l'émission *Journal de l'économie*)

Chapter 7

Section B

F La société de Mr Sanderson, SOLPEX, / a fusionné avec Seymore & Co. / il y a quelques années, / et était maintenant entièrement restructurée et informatisée. / D'après Mr Sanderson / leurs méthodes de fabrication étaient ultra-modernes, / et ils venaient d'inaugurer un nouveau procédé d'emballage / pour faciliter la rapidité des expéditions. /

Mr Sanderson a dit qu'ils ne pouvaient pas garantir les livraisons / en cas de grève, / mais que depuis plusieurs années maintenant / leurs rapports cadres-ouvriers étaient bons. /

Quand Madame Legrand a demandé si les affaires allaient bien, / il a dit qu'elles allaient beaucoup mieux. / Ils avaient deux nouveaux produits, / et, avec une augmentation de leur chiffre d'affaires de vingt pour cent, / ils venaient d'embaucher du personnel supplémentaire. / Ils se tournaient maintenant de plus en plus vers l'exportation, / non seulement dans les pays membres de l'UE, / où il y avait un marché pour leurs produits haut de gamme, / mais aussi dans les pays en voie de développement / où ils espéraient écouler leur nouveau produit bas de gamme.

Section C

B – Quel âge avez-vous, Patrick?

– J'ai 27 ans.

– Et vous êtes originaire de la Martinique, n'est-ce pas?

– C'est ça.

– Quand vous êtes arrivé en France il y a cinq ans quels diplômes aviez-vous?

– J'avais un certificat d'apprentissage maritime.

– Mais vous n'avez pas pu trouver d'emploi dans ce secteur-là, n'est-ce pas?

– En effet. J'ai fait beaucoup de petits boulots avant d'obtenir, en février dernier, un contrat emploi solidarité dans un hôpital de la capitale. Nous sommes à peu près 2000 CES à l'Assistance Publique des Hôpitaux de Paris qui administre une cinquantaine d'établissements hospitaliers de la région parisienne.

– Et qu'est-ce que vous faites comme travail à l'hôpital?

– Nous travaillons dans presque tous les services. Moi personnellement j'ai fait du brancardage et maintenant je trimbale les containers . . . de la lingerie, des repas. Le boulot n'est pas trop dur, mais sans perspective à moyen terme.

– Est-ce qu'on vous a proposé un programme de formation?

– J'ai assisté à une journée de formation sur le CES mais personne n'a parlé de la seule chose qui m'intéresse – c'est-à-dire est-ce qu'on risque d'être embauché. Sur une quarantaine qui ont été proposés aux tests de sélection pour une formation d'aide-soignant un seul a été retenu! Et je me demande si faire le même boulot que je fais actuellement et pour le SMIC vaut le coup!

– Donc pour vous le CES n'a pas été vraiment une solution au problème du chômage?

– Pas vraiment. Sans formation on a l'impression de végéter, d'être une main d'œuvre bon marché. Et puisqu'on travaille plus de 78 heures par mois, on n'est plus compté dans les chiffres du chômage ce qui arrange le gouvernement – et pourtant on n'a pas de vrai boulot!

– Votre contrat est pour 12 mois je crois. Vous êtes donc pessimiste en ce qui concerne votre avenir professionnel?

– L'Assistance Publique a essayé de passer des accords avec les entreprises de nettoyage ou de restauration qui travaillent avec elle pour qu'elles embauchent ses CES, mais sur les 2000 il n'y a eu qu'une quarantaine d'embauchés, jusqu'à présent. Enfin, on verra, mais ce qui est sûr c'est qu'à mon âge pas question de retourner vivre chez mes parents!

– Merci Patrick pour votre témoignage. Je vous souhaite bonne chance.

Chapter 8

Section B

F Mesdames, mesdemoiselles, messieurs, bienvenus dans notre grand magasin du Printemps. Nous vous invitons à profiter de nos soldes d'été qui vous offrent des réductions importantes sur la plupart de vos achats.

Allez voir les toutes dernières nouveautés au rayon mode féminine au premier étage. Vous y trouverez des robes de grands couturiers à des prix imbattables, avec des réductions allant jusqu'à 40% et des manteaux de printemps de 30% à 40% moins chers.

Sur les articles de cuir au rez-de-chaussée nous offrons pendant toute la semaine un rabais de 25%.

Toujours au rez-de-chaussée, notre rayon parfumerie vous propose une baisse de 15% sur le prix habituel des rouges à lèvres Christian Dior et 20% sur les produits de beauté Lancôme et Chanel.

Quant à vous messieurs, choisissez votre costume Yves St. Laurent à 50% moins cher au sous-sol. Ici notre rayon mode masculine vous propose également des réductions de 25% sur toute la gamme d'imperméables, et un grand choix de vestes et de pantalons à moitié prix.

Section C

C — Stratégiquement on a l'impression que vous vous apprêtez à sortir du commerce alimentaire qui n'est pas votre cœur de métier. Il y a deux entreprises dont vous pourriez sortir dans cette perspective, c'est Monoprix et Télémarket, donc la vente en ligne. Vous en êtes où de ces deux dossiers?

— Aujourd'hui c'est difficile de dire qu'on veuille sortir du commerce alimentaire et de Monoprix. Quand on voit les performances qu'on est en train de réaliser et les ambitions que nous avons dans ce domaine, pour sortir de ce métier il faudra trouver des alternatives de grande qualité, car cette année on aura réalisé ce semestre près de trois et demi pour cent du chiffre d'affaires en résultat d'exploitation. A ce niveau-là il serait difficile de vouloir vraiment en sortir!

— La vente en ligne alors?

— *Alors la vente en ligne, on n'enregistre pas les mêmes performances. On sait que c'est un métier à long terme. Je crois que petit à petit une partie des achats des clients basculeront vers le marché, le supermarché en ligne. Il faut se préparer à ça. Il faut essayer de diminuer les coûts d'exploitation.*

— Oui, parce que là on a l'impression que plus vous vendez, plus vous perdez finalement.

— Oui, à cause de la logistique, hein . . . Il est très coûteux finalement d'aller amener le produit à domicile pour le client. Donc nos actions se portent sur la diminution des frais logistiques, mais il y aura place notamment sur le marché parisien pour deux supermarchés en ligne et Télémarket en fera partie.

(Extrait d'une interview avec Philippe Houze, Co-Président du Groupe Galeries Lafayette – Europe 1)

Chapter 9

Section B

E Ma visite à Londres s'est très bien passée la semaine dernière. On est venu me chercher à l'aéroport, et on m'a emmené directement au siège social, où on m'a présenté au directeur général. Il s'intéressait beaucoup à notre nouvelle machine, et je lui ai dit que nous en avions bien vendu en France et en Allemagne.

L'après-midi on m'a fait visiter leur nouvelle usine dans le Kent qui s'était construite depuis ma dernière visite et qui sera ouverte officiellement par le Prince Charles en septembre. On m'a assuré qu'une trentaine de nos machines pourraient y être installées d'ici là, si nous pouvions nous mettre d'accord sur un prix.

Le soir j'ai été invité à manger chez le directeur commercial. On m'avait toujours dit que les Anglais ne mangeaient pas bien, mais ce n'est pas vrai du tout! Je vous assure qu'on m'a servi un excellent repas!

Section C

B — Monsieur Cochaud, vous êtes le porte-parole de la Chambre de Commerce de Rhône-Alpes. D'après les résultats de votre enquête mensuelle il paraît que le commerce indépendant de la région se porte bien cet été.

— Effectivement, les chiffres d'affaires des commerçants indépendants ont enregistré une progression de 8,2% en juin; ce qui confirme le dynamisme de la consommation dans la région.

— D'autant plus que ces chiffres ne tenaient pas compte des soldes d'été, n'est-ce pas?

— Tout à fait. Les soldes n'ont démarré qu'en juillet.

— Alors quels secteurs ont marqué la plus forte progression?

— Mis à part les commerces alimentaires qui ont enregistré une augmentation de l'ordre de 9,9% par rapport à l'année précédente, ce sont surtout les branches culture, loisirs et cadeaux qui affichent une évolution positive. Par exemple, à part la photographie qui est en déclin avec un solde négatif de −2,9%, les autres secteurs affichent tous une progression: les librairies-papeteries +12,3%; cadeaux-jouets +11%; articles de sport +8,2%

— Croyez-vous que cette évolution est la conséquence du temps libre dont disposent beaucoup de Français bénéficiant de la semaine de 35 heures?

— En effet. La branche santé-beauté est en pleine expansion (+12,7%) ce qui est un signe que les gens ont plus de temps pour s'occuper d'eux peut-être. Cela pourrait également expliquer la nette hausse de 6,9%

dans les magasins de droguerie, quincaillerie et bricolage surtout en cette saison quand on peut compter sur le beau temps pour faire des travaux.

– J'ai aussi l'impression que si les Français se sont précipités dans les magasins fin 2001, c'est parce qu'ils redoutaient une hausse des prix avec l'arrivée de l'euro. A partir du 1er janvier 2002 un produit qui se vendait la veille à 13F aurait dû être affiché logiquement à 1,98 €. Mais dans bien des cas, paraît-il, ce prix serait passé à 2 €, ce qui ne paraît pas beaucoup pour un article mais multiplié par des centaines de produits cela représente une tendance inflationniste assez inquiétante.

– Il est vrai que les consommateurs craignaient que le passage à l'euro n'entraîne une revalorisation des prix vers le haut. On espérait quand même que ce serait un phénomène assez rare car il y avait des contrôles des prix et les consommateurs étaient très vigilants les premiers mois. De toute façon, les commerçants n'avaient pas intérêt à exploiter leurs clients. Il faut dire aussi que, logiquement, on aurait dû assister à une baisse du coût de certains articles lorsque le prix en euros était arrondi vers le bas.

– Monsieur Cochaud, je vous remercie.

(*Le Progrès*, adapted)

C – Madame Laoenan, on constate que malgré le succès des diplômes bac+2, c'est-à-dire les BTS ou les DUT, la tendance est à l'allongement des études. D'après les statistiques, plus de 40% des titulaires d'un BTS et près de 70% des titulaires d'un DUT poursuivent leurs études. A quoi cette évolution est-elle due?

– Il y a plusieurs facteurs: d'abord à l'évolution de la demande des entreprises qui recrutent toujours plus haut. Les banques et la grande distribution qui recrutent traditionnellement un grand nombre de commerciaux à bac+2 commencent aussi à se tourner vers les bacs+3 ou +4; ce qui donne aux employeurs un personnel mieux formé et évidemment plus de possibilités d'évolution aux employés et leur permet d'obtenir plus rapidement le statut cadre. Deuxième point: la nouvelle licence professionnelle constitue une année de spécialisation tout particulièrement adaptée aux titulaires d'un BTS, ou d'un DUT. En plus elle donne la possibilité aux titulaires d'un DEUG de s'orienter vers la vie professionnelle.

– Et je suppose que le monde du travail n'est plus le même donc les besoins et les types de formation doivent tenir compte de ce fait?

– Tout à fait. L'évolution des sciences et de la technologie, le déclin de certains secteurs de l'économie et l'importance accrue des services nécessitent des changements dans nos programmes de formation. C'est aussi la première étape vers une harmonisation européenne des diplômes qui vise trois paliers, à bac+3, bac+5 et bac+8.

– Pouvez-vous me donner une idée du nombre et du type de ces licences professionnelles ?

– Bien sûr. Plus de 350 cursus, très divers, ont été proposés par les universités françaises dès la rentrée. Par exemple, en Rhône-Alpes, l'Université de Lyon 3 propose des spécialisations en Management des Associations et de la Distribution ainsi qu'en Gestion immobilière. Les études comprennent également des stages en entreprise et une remise à niveau des compétences en langues étrangères et en informatique.

– Donc pour les jeunes toute une gamme de possibilités de spécialisations et de compétences pour mieux faciliter leur future insertion professionnelle.

– Pas uniquement pour les jeunes en formation initiale. La licence professionnelle est également proposée en formation continue – c'est-à-dire à ceux qui sont déjà en poste et qui veulent obtenir un niveau supérieur de qualification ou souhaitent un changement de carrière.

– Madame Laoenan, je vous remercie.

(*Figaro*, Rhône-Alpes)

Chapter 10

Section D

D a Monsieur,

Je vous prie de trouver ci-joint la facture concernant votre commande du 17 juin, que nous vous avons livrée le 23 du même mois.

Vous remarquerez que, conformément à nos conditions générales de vente, nous vous avons accordé un escompte de 5% pour un règlement comptant. Vous nous obligeriez donc en nous réglant cette facture sous huitaine par virement postal ou bancaire. Passé ce délai nous ne pourrions plus vous consentir l'escompte.

Nous vous prions de recevoir, Monsieur, nos sincères salutations.

b Messieurs,

A notre grand regret, il nous est impossible de vous livrer les cinq articles commandés par votre lettre du 27 mars en vous garantissant, à six mois de date, les mêmes tarifs que ceux qui sont actuellement appliqués.

Les hausses très fréquentes de diverses matières premières utilisées pour nos fabrications, l'augmentation régulière des salaires et les menaces que constituent pour nous les nouvelles taxes dont l'application doit être prochainement décidée, toutes ces raisons nous interdisent d'accepter votre commande aux conditions que vous nous indiquez.

Veuillez agréer, Messieurs, avec l'expression renouvelée de nos regrets, l'assurance de notre considération distinguée . . .

See p. 65 for translations of these letters.

Chapter 11

Section B

E Il y a quelques années j'ai fait un stage de six mois dans une entreprise en France. Je ne connaissais pas la composition du conseil d'administration, mais je me souviens qu'il y avait des réunions assez régulièrement au siège social.

A la tête de l'entreprise il y avait donc le président directeur général, dont je n'ai jamais fait la connaissance, son adjoint, que j'ai vu peut-être deux fois en tout, et notre patron M. Delacroix qui était le directeur général.

Du point de vue administration il y avait un secrétaire général qui était à la tête du secrétariat. Sous ses ordres il y avait une dizaine de secrétaires et employé(e)s de bureau. Il y avait aussi un chef comptable responsable du service de la comptabilité, et une femme chef du personnel.

Le chef de production était un ingénieur qui travaillait avec une équipe composée de deux contremaîtres, d'une douzaine d'ouvriers qualifiés, d'une trentaine d'ouvriers spécialisés, et d'une dizaine de manœuvres.

Un jeune chef du service était chargé de tout ce qui touchait aux stocks et à l'approvisionnement, et il exigeait que toute commande pour l'achat de matériel passe par lui. Il insistait pour que chaque employé dans le service lui fasse une liste de matériel à commander en fin de semaine. Dans ce service des achats il y avait aussi trois magasiniers et deux gestionnaires des stocks. Il va sans dire que tout le système était informatisé . . .

Moi, je travaillais au service des ventes. Quand je suis arrivé il fallait que Monsieur Gérard, le directeur de ce service, s'occupe non seulement des ventes intérieures, mais aussi des exportations. Mais par la suite il a fallu nommer un chef du service des exportations. M. Gérard a insisté aussi pour que quelqu'un d'autre prenne la responsabilité du service après-vente, et ils ont trouvé quelqu'un pour remplir ces fonctions quelques semaines avant mon départ.

Je travaillais sous les ordres du chef de publicité parce que je préparais de la documentation en langue anglaise. C'était vraiment très intéressant, mais comme nos produits se vendaient bien en Europe, nous étions débordés de travail. Il fallait certains mois que nos deux représentants fassent 5 à 6 voyages d'affaires à l'étranger, et quand ils ont créé un troisième poste de représentant, ils ont exigé que le candidat choisi sache parler non seulement l'anglais, mais aussi l'allemand!

Section C

C Je m'appelle Isabelle Pasquier. J'ai quarante-cinq ans et je suis mariée avec deux enfants. Après avoir travaillé à plein temps pendant douze ans dans une entreprise d'habillement dans l'Ain, j'ai été licenciée l'année dernière avec, je crois, dix autres femmes de mon atelier. On nous a donné comme raison une baisse des commandes et l'augmentation des charges sociales, mais je ne crois pas que ce soit ça. Je suis convaincue que la vraie raison c'était pour nous remplacer par une main d'œuvre meilleur marché. Il y a tellement de chômeurs que la direction sait qu'ils peuvent mettre à notre place des jeunes payés au SMIC. Par exemple pour chaque CIE qu'il embauche, un patron touche 300 € par mois du gouvernement pendant deux ans. En plus il est exonéré de toutes charges patronales de sécurité sociale. Alors, comment voulez-vous qu'il fasse autrement . . .?

Des contrats à temps partiel ont été proposés à cinq de mes collègues d'atelier, mais c'étaient les plus jeunes qui touchaient les plus bas salaires; celles qui avaient plus de quarante ans n'ont rien eu! C'est dur vous savez quand on a donné douze ans de service!

De toute façon à mon avis les femmes ont toujours été désavantagées dans la vie professionnelle par rapport aux hommes. Elles sont trop souvent orientées, lors de la formation, vers des filières désuètes ou mal rémunérées. Puis il y a toujours eu un écart d'environ 30% entre les salaires des hommes et ceux des femmes dans certains secteurs. Dans l'habillement, par exemple, où j'ai travaillé, c'est toujours les hommes qui ont les meilleurs métiers – coupeurs, confectionneurs ou mécaniciens – trop souvent les femmes restent bloquées derrière leurs machines à coudre! Quand il s'agit de licenciements c'est rarement les hommes qui partent. On dirait qu'il faut que ce soit les femmes qui libèrent des emplois pour les chômeurs. Et pourtant on n'a qu'à regarder les chiffres pour constater qu'il y a 5% de plus de chômeuses que de chômeurs. On a l'impression que chaque fois qu'un pays vit dans une économie de crise on renvoie les femmes à leurs casseroles!

Chapter 12

Section B

E In order for a company to increase its sales, / Pour qu'une société augmente ses ventes, / launch new products / lance de nouveaux produits / and open new markets, / et ouvre de nouveaux marchés, / it must be prepared / il faut qu'elle soit prête / to allocate a considerable portion of its budget / à consacrer une partie considérable de son budget / to advertising / à la publicité. / However, / Cependant, / it is unlikely / il est peu probable / that the advertising departments of most firms / que les services de publicité de la plupart des firmes / would be capable / soient capables / of conducting a campaign abroad, / de faire une campagne à l'étranger, / before they have consulted someone / sans avoir consulté quelqu'un / who knows the market and the particular problems well / qui connaisse bien le marché et les problèmes particuliers. / In fact, most companies / En fait, la plupart des sociétés / prefer their problems to be dealt with by an advertising agency / préfèrent qu'une agence de publicité s'occupe de leurs problèmes / – whether they are English or French / – qu'elles soient anglaises ou françaises / is of no importance / cela n'a pas d'importance / provided they have enough experience of the media and the costs / pourvu qu'elles aient une connaissance des médias et des coûts / in the country concerned / dans le pays en question.

Section C

B Pour passer une petite annonce dans *Le Figaro*, il suffit de composer le: 44 35 80 00, de 8 heures 30 à 22 heures et le samedi jusqu'à 13 heures.

44 35 80 00 – c'est rapide et vous pouvez régler avec la carte bancaire!

44 35 80 00 – toute la puissance du *Figaro* au service de votre petite annonce!

Chapter 13

Section B

A (*Exemple*) Vous avez le modèle XRS75 au prix de 52 € hors taxe. Ce prix comprend franco domicile mais ne comprend pas l'assurance. Nos modalités de paiement stipulent 30 jours/fin de mois, et pour la livraison il faut compter entre deux et trois semaines.

a Notre modèle L3793 coûte 381 € toutes taxes comprises. C'est le prix départ usine, donc les frais d'emballage, de transport et d'assurance sont en plus, et il faut compter sur un délai de livraison de trois semaines à dater de la réception de votre commande. Pour tout règlement nous insistons sur 90 jours/fin de mois de livraison.

b Le modèle JG7396 se vend au prix de 575 € toutes taxes comprises franco à bord. A cela il faut ajouter les frais de transport et d'assurance à partir du port britannique jusque dans vos entrepôts. Nos conditions sont de 50 jours/date de facture, et nos délais de livraison sont en moyenne de 3 à 4 semaines.

c Nous avons aussi le modèle TA115J dont la livraison est garantie sous huitaine à dater de la réception de votre commande écrite dans nos bureaux. Son prix est de 91 € hors taxe, assurance payée, mais ne comprend ni l'emballage ni les frais du transport maritime. Nous insistons sur le paiement au comptant, mais nous accordons 3,5% d'escompte.

Section C

B — Monsieur Beaune, merci d'être venu. Comme vous le savez, le passage à l'euro qui s'est effectué le 1ᵉʳ janvier 2002 a été accueilli par certains spécialistes comme un grand pas – peut-être le plus grand – dans l'histoire de l'intégration européenne. Si c'est le cas, l'auto-exclusion du Royaume-Uni de la zone euro paraît comme la répétition d'une faute coutumière depuis le début de la construction européenne. A votre avis, pourquoi cette réticence de la part des Britanniques envers l'Europe?

– Tout d'abord je me permets de vous rappeler que le Royaume-Uni n'était pas le seul pays membre de l'Union européenne à rester en dehors de la zone euro. Le Danemark et la Suède ont pris la même décision. Mais pour en revenir au Royaume-Uni, il est vrai que les Britanniques ont la réputation de rester à la traîne en ce qui concerne la construction de l'Europe, et c'est une réputation bien méritée, il faut le dire. Le Royaume-Uni est souvent accusé de se tourner plutôt vers les Etats-Unis que vers l'Europe, et s'il fallait qu'il choisisse entre les deux, il choisirait toujours les Etats-Unis. Mais, ceci dit, il faut souligner que les Britanniques ne sont pas contre l'Europe. L'industrie britannique comprend bien l'importance d'un marché de 370 millions de consommateurs que représente l'Union européenne et les 3,5 millions d'emplois qui dépendent de leurs échanges commerciaux avec leurs partenaires européens.

– Donc le problème majeur serait l'adoption de l'euro?

– Oui. Un récent sondage a révélé que 58% des Britanniques se déclarent opposés à l'abandon de la livre sterling qui est devenue pour certains en quelque sorte le symbole de leur souveraineté et de leur indépendance. Mais ce qui est intéressant c'est qu'ils sont encore plus nombreux (62%) à estimer inévitable le passage à la monnaie unique au cours des dix prochaines années. Et n'oubliez pas qu'aux dernières élections législatives la mauvaise performance des Conservateurs a été attribuée, en large partie, à leur campagne électorale qui était fondée presque exclusivement sur la défense de la livre et la promesse de ne jamais l'abandonner.

– Alors le gouvernement travailliste est plutôt pour la monnaie unique?

– Il y a certes des divisions au sein du parti comme chez les Conservateurs, mais l'attitude du gouvernement est que l'euro est un fait européen – n'oubliez pas que l'euro existe depuis 1999, bien avant sa mise en circulation en pièces et en billets. Tony Blair a déclaré que l'idée que la Grande-Bretagne puisse tourner le dos à l'euro ou adopter la politique de l'autruche serait une grosse bêtise.

– A votre avis serait-il possible de conserver la livre sterling aux côtés de l'euro?

– Je doute qu'à terme il soit possible de maintenir une économie avec deux devises parallèles. Il existe aussi la crainte que le Royaume-Uni soit relégué dans la deuxième division de la construction européenne. Si la

Grande-Bretagne veut demeurer une puissance décisive à l'intérieur d'une union européenne dynamique et moderne, ce que souhaite sans doute le premier ministre, il est difficile d'envisager un tel rôle hors de l'euro.

– Dans ce cas il est d'autant plus difficile de comprendre l'hésitation du gouvernement britannique.

– Il ne faut pas oublier les arguments financiers de ceux qui opposent l'euro. Un des obstacles majeurs est le rôle de la BCE qui fixera désormais le taux d'intérêt pour toute la zone euro. Les adversaires de l'euro sont contre cette idée d'un modèle unique pour tous. Ils veulent conserver le rôle de la Banque d'Angleterre qui fixe, indépendamment du gouvernement, le taux d'intérêt quand elle le juge nécessaire. En plus l'économie se porte actuellement très bien. En matière de taux d'intérêt, de rigueur budgétaire, d'inflation et de chômage le Royaume-Uni fait mieux que nombre de ses voisins dans la zone euro.

– Aussi, je suppose que le taux de change actuel rend très difficile l'adoption de l'euro. Il faudrait qu'il retombe sensiblement pour que l'industrie britannique redevienne compétitive.

– Tout à fait. C'est donc pour toutes ces raisons que le Ministre des Finances britannique a fixé cinq critères pour consentir l'abandon sans risque de la livre Sterling: d'abord *la convergence durable des économies de la zone euro avec celle du Royaume-Uni*; deuxièmement *la flexibilité face aux variations économiques*; troisièmement *les effets de l'euro sur les investissements au Royaume-Uni*. Puis *l'impact de la monnaie unique sur les services* et finalement *les conséquences de l'euro sur l'emploi*. L'engagement est donc pris par le gouvernement britannique de procéder à une évaluation de ces conditions, suivie par un référendum sur l'adoption de la monnaie unique.

– Et, à votre avis, ces conditions peuvent-elles être remplies?

– C'est une question difficile. Je crois que des cinq critères seulement le premier peut être vérifié objectivement et c'est aujourd'hui le cas, même si la conjoncture britannique paraît un peu mieux résister au ralentissement mondial. Il existe donc une fenêtre d'opportunité comme disent les technocrates !

– Mais ne croyez-vous pas que, vu la réalité de l'euro presque partout sur le continent et les échanges entre la zone euro avec le Royaurne-Uni, les Britanniques n'ont vraiment pas le choix, qu'ils seront obligés à terme de se mettre à la monnaie unique ?

— Tout à fait. L'euro a déjà commencé à s'infiltrer. Il est accepté par les grands de la distribution (Dixon, M&S, Harrods, Boots, W H Smith, etc.) par des musées et des chaînes de pub. Dans certaines banques on peut déjà ouvrir un compte en euros et le fisc consent également au paiement de l'impôt en euros – tout comme les notes de gaz et de téléphone. Donc une pénétration rampante de l'euro comme ils disent qui pourrait bien convaincre les Britanniques de son avènement inéluctable.

— Et je suppose que les Britanniques vont apprécier l'avantage de l'euro au moment des vacances ?

— En effet, car bien plus que les gens du continent les touristes britanniques visitent plusieurs pays successivement quand ils traversent la Manche. Le fait de disposer d'une même monnaie pour tout le continent constitue une énorme facilité pour eux. En plus ils vont pouvoir apprécier la transparence des prix affichés partout en euros et les comparer avec les prix chez eux. Et, il faut le dire, plus besoin de changer leur argent en rentrant de vacances à des taux de commission très élevés imposés par les banques et les bureaux de change.

— Robert Beaune, je vous remercie de vos observations . . .

Key to exercises

Chapter 1 **A l'hôtel**

Section A

1 a By telephone: last Thursday.
b He wants to stay one more night.
c Tuesday 6 October.
d One holdall and one briefcase.
e 30 minutes.
f In his room.
g Ground floor, turn right at the end of the corridor, second door on the left, opposite reception.

2 a faux **b** faux **c** vrai **d** vrai **e** faux

Section B

A a Il me faut un hôtel air conditionné et insonorisé.
b Il me faut un hôtel avec télévision et radio et avec téléphone à clavier.
c Il me faut un hôtel avec salle de réunions.

C 76; 89; 97; 173; 4894; about a hundred euros; thousands of pounds, the first time; the fifth street; on the second floor; $2/3$; $3/8$; $4/5$; $1/10$; 0.5%; 99.9%.

D a Thévenin (Mr & Mrs) – 1 double bed / brm / WC – 16, 17, 18 June – CB / BD.
b Cavasse (Miss) – 1 single/sh – 12 August – CB(BR) – 06h45.
c Coubertin (Mr & Mrs) + 2 sons – 2 doubles (twin beds) / 1brm; 1sh + WC – 12, 13 July – 2 EB/BD + 2CB/BD.

E a Vous pouvez prendre le petit déjeuner à partir de sept heures trente dans la chambre.
b Nous servons le déjeuner entre midi quinze et quatorze heures trente.
c On peut vous servir à dix-neuf heures trente.
d Normalement le service dure jusqu'à vingt et une heures trente.
e Le bar est ouvert la semaine jusqu'à vingt-trois heures, et le samedi et le dimanche jusqu'à vingt-trois heures trente.

F 👫

Ⓐ Vous arrivez le vingt-quatre décembre et vous partez le vingt-sept décembre, c'est bien ça?
Ⓑ C'est exact. Donc je veux la chambre pour les nuits du vingt-quatre, du vingt-cinq et du vingt-six décembre.

Ⓐ Vous arrivez le trente et un janvier et vous partez le trois février, c'est bien ça?
Ⓑ C'est exact. Donc je veux la chambre pour les nuits du trente et un janvier, et du premier et du deux février.

Ⓐ Vous arrivez le premier novembre et vous partez le deux novembre, c'est bien ça?
Ⓑ C'est exact. Donc je veux la chambre pour la nuit du premier novembre.

Ⓐ Vous arrivez le vingt-neuf août et vous partez le deux septembre, c'est bien ça?
Ⓑ C'est exact. Donc je veux la chambre pour les nuits du vingt-neuf, du trente, du trente et un août et du premier septembre.

G a Je crois que c'était en dix-neuf cent quatre-vingt-neuf. *1989*

b Je crois que c'était en dix-neuf cent quatre-vingt-dix-huit. *1998*
c Je crois que c'était en dix-neuf cent quatre-vingt-quatorze. *1994*
d Je crois que c'était en deux mille deux. *2002*

H a Oui, elle va passer toute la matinée à travailler au bureau.
b Oui, ils vont passer toute la journée à visiter la ville.
c Oui, elles vont passer toute l'année à voyager en Europe.
d Oui, je vais passer toute la soirée à regarder la télévision.

I a sortez **b** tournez **c** descendez **d** prenez **e** gauche **f** Rue Molière **g** jusqu'au **h** cent **i** plus **j** feux **k** aux **l** tournez **m** droite **n** traversez **o** continuez **p** droit **q** passez **r** sur **s** droite **t** mètres **u** loin **v** cinéma **w** est en face

Jeu de rôle 1

– J'ai téléphoné il y a quinze jours pour retenir une chambre pour une personne.
– Jones. Voulez-vous que je l'épelle?
– Ça s'écrit J-O-N-E-S. J'ai téléphoné le quinze.
– Voulez-vous voir mon passeport, ou est-ce que je dois signer quelque chose?

– Je voudrais rester une nuit de plus, si c'est possible.

– C'est exact.

– Oui, s'il vous plaît, à sept heures quinze. Je peux prendre le petit déjeuner dans ma chambre vers sept heures quarante-cinq?

– Du thé au lait.

– Juste une valise et ma serviette.

– Merci madame/mademoiselle. Où se trouve la chambre?

– Est-ce qu'il y a un bon restaurant par ici?

– C'est loin d'ici?

– Alors, à droite en sortant de l'hôtel; tout droit jusqu'aux feux, à environ deux cents mètres d'ici.

– Alors, première à gauche aux feux, et c'est cinquante mètres plus loin, sur la gauche. Merci beaucoup, au revoir madame/mademoiselle.

Résumé

a explique **b** téléphoné **c** retenir **d** personne **e** douche **f** a **g** quitter **h** voudrait **i** nuit **j** prend **k** prennent **l** monter **m** au **n** confortable **o** donne **p** arrivant **q** pourboire **r** déjeuner **s** bar **t** laisse **u** sur **v** souhaite.

Section C

A   Volet détachable: Hôtel Arcade

VOLET DETACHABLE
Faites-nous profiter de votre expérience de clients en remettant vos observations à la réception.

En vous consultant, nous recherchons votre satisfaction.

Séjour du: _25 au 28 mai_

Chambre n°. _636_

L'ACCUEIL :
qu'en pensez-vous ?   _moyen_

LE CONFORT :
l'utile vous est-il agréable ?   _très bon_

LA CHAMBRE :
répond-elle à votre usage ?   _mauvaise_

LE BAR :
vous en reste-t-il une idée ?   _mauvais_

LE RESTAURANT :
l'accueil, le service ?   _bon_

LA CUISINE :
l'avez-vous appréciée ?   _très bonne_

Observations _____
_____
_____

Qualité et confort
très bons; accueil moyen.
_____
_____
_____
_____
_____

Mentions facultatives :

Nom : _Richard_ Prénom : _Claude_

Age.._55_.. Profession : _Ingénieur_

Adresse : _Lyon_
....

ARCADE DE PARIS
2, rue Cambronne
75740 PARIS Cedex 15
Tél. 01 45 67 35 20
Fax.01 45 66 30 20
e-mail arcade@paris.fr

B Une réservation: Hôtel Mantel

FICHE DE RÉSERVATION

GROUPE/AGENCE: *Frantours (Nantes)* Nº DE PERSONNES: 35

RESPONSABLE: *M. Dalibert* TEL: 02 51 76 87 33

DATE D'ARRIVÉE: 27/7 HEURE D'ARRIVÉE PRÉVUE: 18,00 h

DATE DE DÉPART: 28/7 Nº DE NUITS: 1

Hébergement

Type de chambre	Salle de bain	Douche/ WC	Cabinet de toilette
1 lit		9	
2 lits	10		
3 lits	2		

Repas

Date	Petits déjeuners	Déjeuners	Dîners
27/7			35
28/7	35		

C Hôtel Central

a faux **b** vrai **c** vrai **d** faux **e** vrai **f** vrai **g** vrai **h** faux **i** vrai **j** faux **k** faux

Chapter 2 **Au bar**

Section A

1 a It is much better. He comes to France often and improves each time.
b Export manager for SOLPEX.
c South-west, near Plymouth, Devon.
   (i) main activities agriculture and tourism.
   (ii) one of the most popular tourist areas in Britain
   (iii) some industrial activity centred round main cities
d Of all Britain's exports it is the most appreciated in France.

2 a Le **Français / monsieur** au bar **s'appelle** Dubois.
b Monsieur Dubois est **expert-comptable** chez **SONA**.
c L'entreprise **fabrique** des **pièces** pour l'industrie **automobile**.
d Le Devon et la **Cornouailles** sont **touristiques** et agricoles mais il y a aussi **quelques** industries dans le **sud-ouest / coin**.
e Les deux hommes **prennent / commandent** du **whisky** à boire.

3 a Pourquoi M. Sanderson parle-t-il si bien le français?
b Il y a combien d'habitants à Plymouth?/Combien y a-t-il d'habitants à Plymouth? (Quelle est la population de Plymouth?)
c Dartmoor, qu'est-ce que c'est?
d Que prenez-vous/Qu'est-ce que vous prenez (d'habitude)?

4 a Qu'est-ce que vous faites dans la vie? **b** Volontiers **c** Vous voyagez beaucoup alors? **d** Quelques industries se sont installées dans les environs des villes principales.

Section B

A • La Côte d'Azur? C'est une région touristique dans le sud-est de la France.
• Hambourg? C'est un port industriel (une ville industrielle) dans le nord de l'Allemagne.
• Brighton? C'est une station balnéaire dans le sud de l'Angleterre.
• Milan? C'est une ville industrielle dans le nord de l'Italie.
• Le Devon? C'est une région agricole et touristique dans le sud-ouest de l'Angleterre.
• Le Bordelais? C'est une région viticole dans le sud-ouest de la France.
• Cardiff? C'est un port industriel (une ville industrielle) dans le sud du Pays de Galles.

📷 B

Ordre	Pays	Superficie (km²)
1	Chine	* 9,350,000
2	Etats-Unis	* 7,700,000
3	France	550,000
4	Espagne	504,000
5	Allemagne	356,000
6	Grande-Bretagne	244,000

*These can be calculated from the text, although figures not actually quoted.

C 👥

Ⓐ La vie est plus saine à la campagne qu'en ville.
Ⓑ La vie est moins (plus) agréable en ville qu'à la campagne.

Ⓐ La vie est meilleur marché à la campagne qu'en ville.
Ⓑ La vie est plus mouvementée en ville qu'à la campagne.

Ⓐ Les gens sont plus sympathiques à la campagne qu'en ville.
Ⓑ Les gens sont plus surmenés en ville qu'à la campagne.

Ⓐ Les gens sont moins pressés à la campagne qu'en ville.
Ⓑ Les gens sont moins polis en ville qu'à la campagne.

Ⓐ Les gens se portent mieux à la campagne qu'en ville.
Ⓑ Les gens sortent plus en ville qu'à la campagne.

Ⓐ Les gens s'énervent moins vite à la campagne qu'en ville.
Ⓑ Les gens vont plus (souvent) au cinéma et au théâtre en ville qu'à la campagne.

Ⓐ L'air est plus pur à la campagne qu'en ville.
Ⓑ L'air est plus sale en ville qu'à la campagne.

Ⓐ L'air est moins pollué à la campagne qu'en ville.
Ⓑ L'air est moins frais en ville qu'à la campagne.

D a Ce sont les Anglais qui parlent le plus mal les langues étrangères.
Ce sont les Américains qui voyagent le plus.
Ce sont les Français qui mangent le mieux.
Ce sont les Chinois qui travaillent le plus dur.
Ce sont les Ecossais qui apprécient le plus le whisky.
Ce sont les Suisses qui parlent le plus de langues étrangères.
b Ce sont les Japonais qui exportent le plus.
Ce sont les Gallois qui chantent le mieux.

E a Les collègues de Mr Sanderson viennent moins souvent en France que Mr Sanderson.
b La campagne en France est aussi belle qu'en Angleterre.
c Le nord de l'Angleterre est beaucoup plus industriel que le sud-ouest.
d Les alcools en France sont beaucoup moins chers qu'en Angleterre.

F 1 a Est-ce que le représentant va bientôt en France?
Le représentant, va-t-il bientôt en France?
b Est-ce qu'on ne peut pas réserver par téléphone?
Ne peut-on pas réserver par téléphone?
c Est-ce que votre collègue vient avec nous?
Votre collègue vient-il avec nous?
d Est-ce qu'elle a déjà écrit à la société?
A-t-elle déjà écrit à la société?
e Est-ce que j'ai laissé mon portefeuille dans ma chambre?
Ai-je laissé mon portefeuille dans ma chambre?

2 a Comment s'appelle-t-il?
Il s'appelle comment?
b Où habitent vos enfants?
Vos enfants, où habitent-ils?

c Depuis combien de temps est-elle mariée? Elle est mariée depuis combien de temps?
d Comment s'appelle-t-il?
Quel est son prénom?
e Vous êtes arrivé(e) à quelle heure?
A quelle heure êtes-vous arrivé(e)?
f Qu'est-ce qui vous fait envie?
g Quelles sont les heures d'ouverture?
h Qu'est-ce que vous voyez? Que voyez-vous?
i Vous n'avez pas réservé?
j Quel temps fait-il?
k Vous envoyez un relevé de compte tous les combien?
l Vous apprenez l'allemand depuis combien de temps? Depuis combien de temps apprenez-vous l'allemand?
m La chambre fait combien?
Elle fait combien la chambre?
La chambre combien fait-elle?
n De quoi va-t-il parler?
Il va parler de quoi?

Jeu de rôle 1

– Je suis désolé, mais je ne fume pas.
– Je m'appelle . . . Je suis britannique.
– Enchanté de faire votre connaissance.
– Je suis ici pour affaires.
– Pas couramment, mais je viens souvent en France et je fais chaque fois des progrès.

– Oui. Je suis dans le service des exportations d'une petite entreprise basée à Taunton dans le Somerset dans le sud-ouest de l'Angleterre. C'est une filiale d'une société américaine qui fabrique des pièces pour l'industrie aéronautique. Notre filiale fournit les pays membres de l'union européenne. Qu'est-ce que vous faites dans la vie?

– Vous parlez anglais?

– Je suis originaire de . . . dans le . . . Il y a environ . . . habitants. C'est une région / ville . . .

– Le Somerset c'est une très belle région, et Taunton est une belle ville historique. Je m'y plais bien.

– Je suis d'accord. La vie en province est bien plus agréable. Laissez-moi vous offrir un verre.

– Non. Je vais prendre un demi. La bière c'est notre boisson nationale en Angleterre. Elle est beaucoup moins chère que le whisky.

Section C

A a le plus **b** moins longue **c** plus élevée **d** Union européenne **e** européenne **f** Portugal, **g** Espagne, **h** Grèce, **i** Français, **j** Belges.

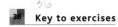

B Portraits professionnels

SURNAME: Martin	**SURNAME:** Bernard
FIRST NAME(S): Anne-Marie	**FIRST NAME(S):** Claude
AGE: 29	**AGE:** 30
COMPANY: Interroute	**COMPANY:** Midi Publicité
HEAD OFFICE: Brest	**HEAD OFFICE:** Marseilles
BRANCHES/SUBSIDIARIES/DEPOTS: Strasbourg/Paris	**BRANCHES/SUBSIDIARIES/DEPOTS:** Southern Spain/ Northern Italy
WORKFORCE: 450	**WORKFORCE:** 200
SECTOR: International road haulage	**SECTOR:** Marketing
PLACE OF WORK: Brest	**PLACE OF WORK:** Marseilles
POST/DEPARTMENT: Switchboard operator	**POST/DEPARTMENT:** Assistant Managing Director/ Deputy MD
PROFESSION/TRAINING: Tri-lingual secretary Fr-Ger-Eng	**PROFESSION/TRAINING:** BTS/ International Marketing
JOINED COMPANY: 15/7/99	**JOINED COMPANY:** 11/11/01

C La France championne du monde du tourisme

1 a Number of foreign tourists who visited France last year.
b Percentage increase in foreign visitors over the previous year.
c Receipts from tourism.
d Balance of payments surplus ie the difference between what France earned from tourism and the amount French tourists spent abroad.
e Number of tourists who visited Italy.

2 a The British were the second largest group of foreign visitors to France (after the Germans).

b The USA was the second most popular tourist destination after France.
c Oil, washed up from the wrecked tanker Erika, polluted parts of the Atlantic coast, resulting in a fall in the number of tourists.

D Que savez-vous sur l'euro?

1 c. 2 a (Allemagne, Autriche, Belgique, Espagne, Finlande, France, Grèce, Irlande, Italie, Luxembourg, Pays Bas, Portugal). **3 a** (Royaume-Uni, Suède, Danemark). **4 c, 5 a, 6 c, 7 b, 8 a, 9 b, 10 c, 11 b, 12 c, 13 a, 14 c, 15 a.**

Chapter 3 Rendez-vous d'affaires (1)

Section A

46

1 a 11h00. **b** Strike of ground staff; take-off delayed.
c With a family in a London suburb.
d By attending classes in English and IT at a technical college.

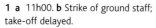 **2 a** Il s'excuse d'arriver un peu en avance.
b Elle était à Londres pour améliorer son anglais.

c Elle achetait des pullovers. Ils étaient tellement meilleur marché qu'en France.
d Elle va prévenir Madame Legrand de l'arrivée de Mr Sanderson.

3 a Pourquoi Mme Legrand ne peut-elle pas recevoir Mr Sanderson tout de suite?

b Pourquoi les employés étaient-ils en grève?

c Que propose la secrétaire à Mr Sanderson (en attendant)?

5 a asseyez-vous, je vous en prie **b** au décollage **c** une augmentation **d** je me rappelle **e** tout était bon marché **f** le taux d'inflation baisse

Section B p 49

A 1a Je vous en prie. **b** Ça ne fait rien. **c** Ne vous dérangez pas!

2

a Ⓐ Permettez-moi de vous offrir quelque chose (à boire). / Voulez-vous quelque chose (à boire)?

b Ⓐ Vous permettez que je fume?

c Ⓐ Excusez-moi, je suis (un peu) en avance/retard.

3 a Si vous voulez bien rappeler à quatre heures.

b Excusez-moi de vous déranger.

c Si vous voulez bien vous asseoir. / Asseyez-vous je vous (en) prie.

d Vous permettez que je passe plus tard?

B a voyait/venaient

b suivaient/étaient/voulaient

c demandaient/était

d pouvait

e faisait/pleuvait

f connaissaient

g mettais

h avait

i nous promenions

j aviez/viviez

C a Entre neuf heures dix et neuf heures trente il lisait son courrier.

b Entre neuf heures trente-cinq et dix heures trente il s'occupait d'affaires urgentes.

c Entre dix heures trente et dix heures quarante-cinq il prenait sa pause-café.

d Entre dix heures quarante-cinq et onze heures vingt-cinq il s'entretenait avec ses chefs de service.

e Entre onze heures vingt-cinq et midi il recevait un client.

f Entre midi et quatorze heures il déjeunait au restaurant avec un client.

D

a Ⓐ Alliez-vous souvent en Angleterre?

 Ⓑ Oui, j'allais souvent en Angleterre.

b Ⓐ A quelle heure partiez-vous le matin, et de quelle gare?

 Ⓑ Je partais très tôt le matin de la Gare du Nord?

c Ⓐ Est-ce qu'il y avait un bon service Paris–Boulogne?

 Ⓑ Oui, il y avait un très bon service tous les jours Paris–Boulogne par Amiens.

d Ⓐ A quelle heure arriviez-vous à Boulogne?

Ⓑ J'arrivais à Boulogne à dix heures trente?

e Ⓐ Comment traversiez-vous la Manche, et combien de temps la traversée durait-elle?

Ⓑ Je prenais l'aéroglisseur. La traversée de Boulogne à Folkestone durait quarante minutes.

f Ⓐ Preniez-vous le train de Folkestone à Londres?

Ⓑ Oui, je prenais le train. J'arrivais à la gare de Charing Cross à midi trente.

g Ⓐ Est-ce que vous mangiez en arrivant (quand vous arriviez) à Londres?

Ⓑ Oui, je mangeais en arrivant (quand j'arrivais) à Londres.

h Ⓐ (Je suppose que) vous n'aviez pas beaucoup de temps avant votre premier rendez-vous?

Ⓑ Non, je n'avais pas beaucoup de temps. Mon premier rendez-vous était à quatorze heures trente.

E Monsieur Joussein de Brest a téléphoné. Il a dit qu'il regrettait de vous informer qu'il était obligé de repousser sa visite du 18, parce qu'il y avait trop de travail à l'usine en ce moment. Ils venaient de recevoir une grosse commande d'un client allemand, et malheureusement

beaucoup de leurs ouvriers étaient absents à cause d'une épidémie de grippe. En plus il y avait une grève du personnel dans le service des expéditions, et il ne voyait pas comment ils allaient faire pour exécuter la commande en temps voulu. Il était donc évident qu'il ne pouvait pas s'absenter en ce moment. Il était obligé de téléphoner aujourd'hui parce qu'il allait être très occupé le reste de la semaine. Il a dit qu'il allait retéléphoner la semaine prochaine pour fixer un autre rendez-vous. Il était désolé.

Jeu de rôle 1

– Bonjour mademoiselle. Permettez-moi de me présenter. Je suis Mike Wilson de Leeds, Angleterre.

– Avec Monsieur Laroche à dix heures trente. Je m'excuse d'arriver en retard, il y avait beaucoup de circulation.

– Vous êtes très aimable. Merci.

– Oui, les Anglais boivent beaucoup de thé, mais, de nos jours, de plus en plus de gens boivent du café en Angleterre. Il est quand même moins bon que le café français, donc du café s'il vous plaît! Vous permettez que je fume?

– Non, il faisait très beau, mais il y avait des problèmes à l'aéroport à

cause d'une grève du personnel au sol, donc il y avait du retard au décollage.
– C'est de pire en pire à Londres aussi, mais heureusement j'habite en province. Vous connaissez bien l'Angleterre?
– Malheureusement la vie est beaucoup plus chère maintenant, surtout à Londres. Tous les prix augmentent, surtout le prix des logements.

Section C p 52

A L'Angleterre au plus court

a Pour aller en France, passez par Douvres!
b Douvres est le premier port transmanche.
c Douvres est le port le plus proche de la France.

d Prenez/choisissez le Seacat, (et) vous serez en France en 45 minutes.
e Pour les horaires et les prix, consultez votre agent de voyages.
f Les installations de transit les plus modernes offrent aux voyageurs un ensemble de facilités/prestations.
g Des passerelles à double niveau vous assurent un embarquement facile et rapide.

B Paris–Londres p 54-55

a 271,70 € **b** passagers **c** voiture
d 90 € **e** essence **f** moins **g** dépend
h embarquement **i** 222,60 € **j** 244 €
k doit/devrait **l** élevé **m** départs
n navettes/heure **o** traversée **p** 35
q 45 **r** présenter **s** 90 **t** tôt

C Les tarifs Air France

a vrai **b** faux **c** faux **d** vrai **e** vrai

Chapter 4 Rendez-vous d'affaires (2)

Section A p 60

1 a Since last year.
b (i) general wage increase
(ii) increase in overheads
(maintenance, gas, electricity, transport, national insurance charges)

c That the increase seems quite big.
d They will find favour with French customers.

2 a faux **b** vrai **c** faux **d** vrai **e** vrai

3 a Elle lui demande de l'excuser, parce qu'elle l'a fait attendre.

b Il lui a apporté quelques échantillons et leurs dernières brochures.

c Il dit que la qualité de leurs produits est nettement supérieure à celle de leurs concurrents.

d Il a faim parce qu'il s'est levé de bonne heure, il s'est dépêché, et comme il était pressé, il n'a pas eu le temps de prendre son petit déjeuner.

4 a Qu'est-ce que la secrétaire a offert à Monsieur Sanderson?
b De combien les prix ont-ils augmenté?
c Que pense Madame Legrand des deux nouveaux modèles/produits/articles?
d Comment les nouveaux modèles/produits/articles se sont-ils vendus sur le marché intérieur?

5 a quels en sont les prix? **b** j'ai le regret de vous informer **c** enchantée de faire votre connaissance **d** ils ont eu énormément de succès

Section B

A a En mars le prix de l'électricité a augmenté.
b En avril nos concurrents ont sorti un nouveau modèle.
c En juillet le gouvernement a annoncé une restriction de crédit.

d En septembre les ventes ont baissé.
e En novembre la direction a décidé de lancer une nouvelle gamme.

B

a Ⓐ Quand est-ce que les nouveaux clients américains sont venus visiter les ateliers?
Ⓑ Ils sont venus visiter les ateliers le seize février.
b Ⓐ Quand est-ce qu'ils se sont décidés à passer une commande importante?
Ⓑ Ils se sont décidés à passer une commande importante le dix-sept février (le lendemain).
c Ⓐ Quand est-ce que notre directeur est allé ouvrir la nouvelle filiale en Ecosse?
Ⓑ Il est allé ouvrir la nouvelle filiale en Ecosse le cinq avril.
d Ⓐ Quand est-ce que la grève des transporteurs s'est terminée?
Ⓑ Elle s'est terminée le six juin.
e Ⓐ Quand est-ce que la première commande à destination des Etats-Unis est partie de l'usine?
Ⓑ Elle est partie de l'usine le treize juillet.

C a Ils se sont lavé les mains, puis ils sont partis.
b Il a lu les documents que son collègue a posés sur la table.

c Les faillites se sont multipliées cette année.

d Les deux concurrents se sont dit bonjour quand ils se sont rencontrés.

e Quelle usine avez-vous visitée?

f J'ai visité l'usine qui a fermé à cause de la grève.

g Voici les deux modèles que j'ai choisis.

h Les directeurs ont signé les lettres que la secrétaire a écrites.

D p67

task		done	for you to do	for secretary to do
letter to Verdier:				
	dictated	✔		
	typed	✔		
	signed			✔
	posted			✔
phone Bourquin			✔	
make appointment with Chabuel		✔		
arrange demonstration of new machine to technicians		✔		
phone Jaillet		✔		
cancel visit to Lille		✔		
inform Managing Director of cancellation			✔	
remind MD of dinner with Japanese			✔	
confirm plane seats Paris–Geneva				✔
find out alternative flight times		✔		
make train reservations Paris–Lyon		✔		
contact Jospin			✔	

pG 8

E a est entré **b** s'est excusée **c** avoir
fait attendre **d** a remercié **e** être venu
f a montré **g** a expliqué **h** avait
i élargissaient **j** a parlé **k** a trouvée
l a montrés **m** plaisaient **n** estimait
o sont allés

F a qui **b** qui **c** que **d** ce qui **e** où
f ce que **g** dont **h** ce dont **i** à qui
j auxquelles **k** desquels **l** laquelle
m auquel

Jeu de rôle 1   *p 6 9*

– Bonjour madame; enchanté de faire
votre connaissance.

– Cela ne fait rien. De toute façon
j'étais en avance, et votre secrétaire
s'est bien occupée de moi.

– Assez bon, mais il y avait une grève
du personnel au sol à Heathrow qui a
retardé mon départ.

– Je suis venu vous présenter nos
deux nouveaux produits – dont un
article haut de gamme et l'autre dans
le bas de la gamme. J'ai apporté
quelques échantillons si vous voulez
jeter un coup d'œil.

– Oui, depuis leur lancement l'année
dernière, ils se sont bien vendus sur le
marché intérieur. Ils ont eu
énormément de succès auprès des
clients britanniques, ce qui est très
encourageant!

– Voici nos derniers tarifs.
Malheureusement, comme vous le
voyez, tous nos prix ont légèrement
augmenté.

– Eh bien, la livre sterling est assez
forte. Les frais généraux ont augmenté,
et il y a eu des augmentations de
salaire assez importantes.

– Globalement elle est de deux
virgule cinq pour cent seulement, et
en dépit de cela nos prix défient toute
concurrence.

– C'est ce que nous avons pensé, car
la qualité de nos produits est
nettement supérieure à celle de nos
concurrents et le rapport qualité-prix
est excellent.

– Volontiers, car j'ai une faim de
loup! Je me suis levé tard ce matin, et,
comme j'étais pressé, je n'ai pas eu le
temps de prendre mon petit déjeuner.

Section C

A   CIAT – profil d'un groupe mondial

p13

Full name of company: *Compagnie Industrielle d'Applications Thermiques*

Founded: *1934*
Headquarters: *Culoz-Belley (Ain)*
Number of employees: *1720*
Manufacturing sites:
France: *Culoz-Belley, Mortagne, Vence*
Abroad: *Spain (Montilla), India, China*

Product sectors (in descending order based on percentage turnover):
- *Air-conditioning and refrigeration units*
- *Air-treatment and ventilation*
- *Heat exchangers*

Ranking amongst French manufacturers of air-conditioning equipment: *leader*

Target markets/customers:
- *business premises*
- *industrial premises*
- *private homes and communal housing*

Sales network:
France: *25 agencies*
Foreign sales subsidiaries: *Belgium, Germany, GB, Spain, Switzerland, Luxemburg, China*
Distributors: *Europe, Africa, Near and Middle East, Asia*

Average annual turnover (1998–2000) in euros: *177.5 million*

Export turnover (as percentage of total): *46%*

Percentage of turnover allocated to research & development: *4%*

p74

B Produits français à l'étranger

a plus **b** produits **c** adaptation **d** tous
e acheteurs **f** industriels **g** pose
h Allemands **i** Britanniques (Anglais)
j innover/innovation **k** forces
l conditions financières

 C Sofitind: une croissance qui s'emballe *p75*

a He is founder and head of the Sofitind company.
b Industrial packaging film; extremely tough and flexible; prevents corrosion; impervious to gases and liquids: perforation-proof

c Army, industrial packaging companies, hauliers, exporting companies in electrical, electronic, motor and nuclear industries.
d (i) Main European market for their products
(ii) Chief competitor
e (i) To become No. 1 in Europe
(ii) – By breaking into food-processing, chemical and pharmaceutical markets
– By investing extensively over next two years in equipment, machinery and new premises
f (i) current turnover (ii) cost of the investment programme (iii) number of European customers

Chapter 5 Au restaurant

Section A *p80*

1 a Food is good and not very expensive; the service is fast.
b (i) Renault Clio (ii) Rover
c When driver of car in front does not know his way.
d – hors d'œuvre, (toasted) goat's cheese and salad
– steak, sole
– green (French) beans, chips
– chef's own sweet, ice-cream

2 a Pourquoi ne commandent-ils (prennent-ils) pas de carafe de vin?

b Comment Mr Sanderson préfère-t-il son steak?
c Est-ce que votre voiture (Renault) vous plaît?
d Qu'est-ce que vous prenez comme légumes?
e Quel choix de dessert y a-t-il? (Qu'est-ce qu'il y a comme dessert?)

Section B

A 1 a le **b** y **c** en **d** lui; la
e vous; l' **f** nous; leur **g** m'en **h** lui

2 a elle **b** eux **c** lui **d** moi
3 a le vôtre **b** leurs **c** la sienne
d le mien **e** nôtres

B a J'adore les escargots mais je ne
vais pas *en* prendre aujourd'hui.
b Il faut *leur* expliquer que nous *en*
avons sorti deux.
c Répondez-y immédiatement pour
lui expliquer que nous allons *les*
augmenter au printemps.
d *L'*avez-vous vue? Non, je crois
qu'elle est sortie avec *eux*.
e N'*y* pensez plus! Prenez-*la*.
f Les voitures sont très chères n'est-
ce pas! *La mienne* m'a coûté une
fortune. Combien avez-vous payé *la
vôtre*?
g Je n'ai pas pu *leur* envoyer le fax
aujourd'hui. Dites-*lui* que je vais *le
leur* envoyer demain.

C a s'est implantée **b** me prononcer;
s'est améliorée **c** s'y vendaient
d vous dérangez; m'en occuper
e vous tournez-vous pas vers
f asseyez-vous

D 1 a les, la, d' **b** le, les, de **c** les, des,
de la, les **d** les, de **e** des, les **f** une, d', du

E a profiteroles
b crudités
c navarin d'agneau
d gratin dauphinois
e daube

Jeu de rôle 1

— Un peu seulement, en touriste.
J'y suis venu(e) une fois, il y a deux
ans.
— En effet. J'y ai fait un excellent
séjour.
— Vous êtes content(e) de votre
voiture?
— J'avais une voiture anglaise, mais je
l'ai changée il y a quelques semaines.
J'ai acheté une Peugeot. J'en suis très
content(e).
— Je crois qu'elles sont un peu plus
chères en Angleterre qu'en France. La
mienne est certainement meilleur
marché en France.
— Qu'est-ce que vous me conseillez
de prendre?
— Je suis d'accord. Je vais prendre la
même chose.
— Je vais prendre le 'cocktail d'avocat
aux moules (à la catalane)'.
— Qu'est-ce que c'est le 'faux filet
grillé beurre maître d'hôtel'?
— Bien, je le prends.
— Bien cuit, parce que j'ai remarqué
que les Français font moins cuire leur
viande par rapport aux Anglais.
— Je propose que nous prenions
quelque chose de meilleur que le vin
en carafe. Apportez-nous la carte des
vins, s'il vous plaît, et une demi-
bouteille d'Evian.

– C'était très bon, mais j'ai assez mangé. Je vais prendre un café aussi.
– Vous m'apporterez la note à moi.
– Dans ce cas-là j'espère que j'aurai le plaisir de vous inviter à déjeuner quand vous viendrez visiter notre usine en Angleterre.

Résumé

a connaît, y, venu, femme **b** garé, avoir, se **c** lui, en **d** de, mettent, eux **e** décidé, plat, choisi, a, poisson, des **f** de l', du

Section C

A   Les vins de Bordeaux

a (ii) **b** (ii) **c** (iii) **d** (i) **e** (iii) **f** (iii) **g** (ii) **h** rosé or light red wine **i** sweet white **j** full-bodied red

B   Les voitures du top 30

a Par rapport au même mois de l'année précédente, la vente des voitures en France en juin 2001 a *progressé/augmenté* de 20%.
b De toutes les marques c'est Peugeot qui, avec + 43,5%, a *enregistré/marqué* la plus forte progression.
c En tête de liste se trouve la *(Peugeot) 206* dont les ventes *ont* augmenté de *8,4%*.
d *Renault* est le constructeur le plus représenté parmi les dix premiers modèles.

e Le succès de la *Laguna* explique la progression (+ *11.*%) des ventes de Renault.
f Le premier modèle Citroën ne paraît *qu'en neuvième (9ᵉ)* position.

📷 C   Interview at Frankfurt Motor Show

Tâche 1:

Model: **C3**

Position in Citroën model range: **mid-way between Saxo & Xsara**

Petrol versions (litres): **1.1**
1.4
1.6

Diesel versions (CV): **75**
90

To compete with new versions of:
(Ford) Fiesta
(Volkswagen) Polo

Date available to French motoring public: **end March/beginning April**

Tâche 2:

Les deux grandes *nouveautés* sur le *stand* Citroën à ce salon sont le *break* C5 et la nouvelle C3. Claude Satinet décrit la C3 comme une 'grande' *petite* voiture parce qu'elle est 5 cm plus *haute* que ses *concurrentes* dans le même segment.

L'accueil de la C3 a été *enthousiaste*. Tout le monde *la* trouve séduisante. Les professionnels *demandent* pourquoi elle n'a pas été *livrée* plus tôt et pourquoi la *capacité* des usines Citroën est insuffisante.

Le nouveau système d'*appellation* que Citroën a *inauguré* avec le C5 comprend la lettre C *suivie* d'un numéro allant de *2*, qui sera le modèle en *bas* de gamme, à *6*, qui sera, en *2004* leur *berline* de haut de gamme.

D'après leur Directeur Général la maison Citroën se *porte* bien et les ventes ont beaucoup *progressé*. En 2001 les ventes sont entre 9% et 10% *au-dessus* des ventes de l'année *précédente (dernière)*.

Tâche 3:

a berline de haut de gamme, **b** break, **c** le premier accueil des professionnels (de l'automobile), **d** facile à retenir.

D Renault privatisé: la fin d'un symbole

a La société Renault a *été* nationalisée à la *fin* de la deuxième guerre mondiale.
b On accusait les dirigeants d'avoir *collaboré* avec les *Allemands*.
c Louis, un des frères Renault, a *construit* sa première voiturette à *Boulogne-Billancourt* en *1898*.
d Boulogne-Billancourt *est* resté le centre de production de Renault *jusqu'*en 1992.
e Les ouvriers de Boulogne-Billancourt *ont* participé *aux* grands mouvements *sociaux* du *vingtième* siècle.
f De *toutes* les voitures *construites* sous la Régie c'est la *R5* qui s'est le plus *vendue*.

Chapter 6 Conversation téléphonique

Section A

1 a 01 92 87 65 71 **b** 4.00 pm
c He has a business engagement at that time.

d (i) That he leaves his number so M. Olivier can call him back.
  (ii) That she puts him through to M. Olivier's partner.

49

6 Conversation téléphonique: SECTION B 49

e Because he is not free; he has an appointment with an agent which he cannot cancel.

f The following Tuesday, the 14th or Monday 13th. Tuesday is a holiday and the Monday will be taken as well to make a long weekend.

g Café de la Paix, boulevard des Capucines at 1.00 pm on the 15th July.

📟2 a Il a composé le zéro un, quatre-vingt-douze, quatre-vingt-sept, soixante-cinq, soixante et onze.

b Elle ne pouvait pas lui passer le poste tout de suite, parce que c'était occupé.

c Il voulait parler à Monsieur Olivier.

d Il ne pouvait pas lui parler, parce qu'il venait juste de sortir.

e Il ne pourra pas rappeler plus tard, parce qu'il a un rendez-vous d'affaires.

f Elle ne lui a pas passé l'associé de Monsieur Olivier, parce qu'il ne voulait pas le déranger; il préférait laisser un message.

g Non, il voulait repousser son rendez-vous au mardi suivant.

h Il ne sera pas disponible le quatorze, parce que c'est un jour férié et l'entreprise sera fermée.

3 a Quel poste a-t-il demandé?

b Pourquoi la secrétaire lui a-t-elle demandé de répéter?

c Pourquoi Mr Sanderson ne pouvait-il pas rappeler à seize heures?

d Est-ce que Mr Sanderson voulait annuler son rendez-vous avec Mr Olivier?

5 • Mr Sanderson des Etablissements SOLPEX de Londres a téléphoné à propos de votre rendez-vous ce mardi 7 à 13h00 au Café de la Paix.

• Il vient de se rendre compte qu'il ne sera pas libre le 7, parce qu'il a un autre rendez-vous avec un concessionnaire, qu'il ne peut pas annuler.

• Il aimerait donc repousser son rendez-vous avec vous au 15, même endroit, même heure, si cela vous convient.

• Il était désolé d'annuler le rendez-vous du 7 et vous présente ses excuses pour ce contretemps.

Section B

A a partirons **b** aura **c** sera **d** irez, donnerez **e** recevrai, ferai **f** écrirons, joindrons **g** occuperez

B a pourriez **b** voudrais **c** serait **d** préférerais **e** aimerais

C a fumerais **b** mangerais, gâteau **c** irais, en France **d** verrais bien vos échantillons **e** ferais bien le tour de l'usine

D a Si je parlais plusieurs langues, je trouverais une meilleure situation!
b Si je ne pouvais pas venir, j'annulerais le rendez-vous!

▣ **E b** Il a noté qu'il la leur enverrait mercredi matin.
c Il a noté qu'il leur ferait visiter l'usine mardi matin.
d Oui, il a noté qu'il les emmènerait à l'aéroport à quatorze heures trente.
e Oui, il a noté qu'il déjeunerait avec lui jeudi.
f Il a noté qu'il préviendrait Zurich de votre arrivée lundi matin.
g Oui, il a noté qu'il retiendrait deux chambres à l'Hôtel Fürstenhof lundi matin.
h Il a noté qu'il vous rencontrerait au bureau (d')Air France à midi quinze.
i Il a noté qu'il { prendrait un taxi à onze heures / y irait en taxi à onze heures.
j Oui, il a noté que vous prendriez le vol Air France cent quatre-vingts qui partirait de Charles de Gaulle à quatorze heures et arriverait à Zurich à quinze heures trente.

Jeu de rôle 1

– Bonjour madame / mademoiselle. Est-ce que je pourrais avoir le poste cent quatre-vingt-dix-huit, s'il vous plaît?

– Allô? Je voudrais parler à Monsieur Ilien, s'il vous plaît.

– C'est de la part de . . . de la Société . . . des Etablissements . . .

– A deux heures! Malheureusement j'ai un rendez-vous d'affaires à cette heure-là, et plus tard aussi il me sera difficile de rappeler.

– Non merci. Ce n'est pas la peine de le déranger. Est-ce que je pourrais laisser un message?

– Pourriez-vous dire à Monsieur Ilien que je suis désolé, mais je ne pourrai pas le rencontrer jeudi onze à midi trente comme prévu, car je dois voir un de nos concessionnaires ce jour-là pour résoudre un problème urgent.

– Oui, je voulais simplement repousser la rencontre, pas l'annuler.

– Le mardi suivant par exemple, dans son bureau – vers midi trente? Ce serait donc au même endroit, à la même heure, si ça lui convient.

– C'est ça.

– A mon hôtel. Je suis à l'Arcade, Paris Cambronne chambre numéro cent soixante-dix-neuf, mais je vous donne le numéro de mon portable: c'est le 07 78 13 48 350.

– Je quitterai l'hôtel de bonne heure le matin du seize – probablement vers neuf heures, car j'ai l'intention de rentrer en Angleterre plus tard dans la journée, et j'aurai plusieurs choses à faire avant de partir.

– Vous êtes très aimable. Merci beaucoup.

– Excusez-moi de vous avoir dérangée. Au revoir madame / mademoiselle.

Section C p lll

A Les jours fériés de l'Europe

a Espagne 18 **b** Allemagne 17 **c** Grande-Bretagne/Luxembourg 15 **d** Luxembourg/Grande-Bretagne 15 **e** Belgique/Portugal 14 **f** Portugal/Belgique 14 **g** France/Italie 13 **h** Italie/France 13 **i** Danemark 12 **j** Grèce/Pays-Bas 11 **k** Pays-Bas/Grèce 11 **l** Irlande 10

B Internet – qu'est-ce que c'est?

1 a vrai **b** vrai **c** faux **d** faux **e** vrai

2 a The estimated number of websites throughout the world in 2005. **b** The percentage of (the 2.1 billion) web pages generated in the USA. **c** The estimated forecast of the number of web users in 2005. **d** The percentage increase in e-mail accounts at the end of 2000 compared with 1999. **e** France's share (11 million) of the total number of web users throughout the world.

3 a (la) toile, **b** internaute, **c** fournisseurs (d'accès privés), **d** tout détenteur de micro-ordinateur, **e** courrier électronique, **f** réseau d'ordinateurs.

C L'Internet à votre service

a (www.Jeconomise.com) **b** (www. EnterpriseLine.com) **c** (www. EmploiLine.com) **d** (www. FranchiseLine.com) **e** (www.CapBusiness.com)

D La crise du téléphone p ll5 mobile

a A member of ART (Autorité de Régulation des Télécoms). **b** (i) the percentage fall in world sales of mobile phones in the second quarter of 2001 compared to the same period the previous year (ii) world sales of mobile phones in the first quarter **c** (i) availability of new generation of (GPRS) mobile phones which will give access to the Internet (ii) replacement of existing mobile phones by new models **d** (i) Scandinavian countries, Italy; (ii) Japan; (iii) Germany **e** (i) Japan, Germany; (ii) China, India

Chapter 7 **Reparlons affaires**

Section A

p119

📼 **1 a** Ils ont augmenté de deux virgule cinq pour cent.
b Les Chinois sont les concurrents à redouter.
c Il existe depuis dix-neuf cent quatre-vingt-dix-neuf.
d La secrétaire a dérangé Madame Legrand parce que Monsieur Bertrand voulait la voir.
e Il dit qu'il a largement dépassé celui de l'année dernière; il a augmenté de vingt pour cent.

2 a (v) **b** (iii) **c** (vi) **d** (ii) **e** (iv) **f** (i)

Section B

p122

A a restructurer les deux firmes **b** de vendre ses produits **c** viens de voir le directeur **d** vient d'atteindre dix milliards d'euros **e** viennent de se présenter

B a Quand le nouveau chef du marketing a commencé à travailler chez nous, on venait de fusionner avec Seymore & Company.
b Quand la nouvelle secrétaire a commencé à travailler chez nous, on venait d'informatiser tous les services.

c Quand le nouveau directeur commercial a commencé à travailler chez nous, on venait de s'implanter dans plusieurs pays étrangers.
d Quand le nouveau chef du personnel a commencé à travailler chez nous; on venait d'embaucher cinquante ouvriers supplémentaires.

C a L'usine a deux mille employés depuis dix-neuf cent quatre-vingt-dix-huit.
b Il y a un bon système d'emballage depuis longtemps.
c Notre chiffre d'affaires dépasse dix milliards d'euros depuis l'année dernière.
d Depuis quand font-ils de bonnes affaires?
e Depuis quand pratiquez-vous la concertation?
f Depuis quand les affaires vont-elles mal?

D a Ils faisaient de bonnes affaires depuis plusieurs années **b** ai vue, elle apprenait l'anglais depuis six mois
c je les ai vues, elles habitaient Londres depuis quelques semaines
d quand je les ai vus, ils fabriquaient des pièces détachées depuis longtemps

E a Pendant qu'ils travaillaient chez Ford, ils ont reçu une forte augmentation.

b Quand elle était en Angleterre, elle a acheté un pullover.

c Je suis allé(e) en France, parce qu'il y avait une place de libre.

d Lorsque nous avons regardé les chiffres, nous avons vu que nous pouvions faire un bénéfice.

◼️ **F** La société de Mr Sanderson, SOLPEX, / a fusionné avec Seymore & Co. / il y a quelques années, / et était maintenant entièrement restructurée et informatisée. / D'après Mr Sanderson / leurs méthodes de fabrication étaient ultra-modernes, / et ils venaient d'inaugurer un nouveau procédé d'emballage / pour faciliter la rapidité des expéditions. /

Mr Sanderson a dit qu'ils ne pouvaient pas garantir les livraisons / en cas de grève, / mais que depuis plusieurs années maintenant / leurs rapports cadres-ouvriers étaient bons. /

Quand Madame Legrand a demandé si les affaires allaient bien, / il a dit qu'elles allaient beaucoup mieux. / Ils avaient deux nouveaux produits, / et, avec une augmentation de leur chiffre d'affaires de vingt pour cent, / ils venaient d'embaucher du personnel supplémentaire. / Ils se tournaient maintenant de plus en plus vers l'exportation, / non seulement dans les pays membres de l'UE, / où il y avait un marché pour leurs produits haut de gamme, / mais aussi dans les pays en voie de développement / où ils espéraient écouler leur nouveau produit bas de gamme.

Jeu de rôle 1

– Oui, de deux virgule cinq pour cent, mais nos prix sont très compétitifs. Ils restent les plus bas sur le marché et le rapport qualité-prix est excellent.

– Oui, parce qu'en dix-neuf cent quatre-vingt-seize notre société a fusionné avec une autre maison, et la nouvelle entreprise a été complètement restructurée et informatisée.

– Nous utilisons des méthodes de fabrication ultra-modernes et notre nouveau système d'emballage n'existe que depuis dix-neuf cent quatre-vingt-dix-neuf!

– Il facilite les expéditions et les livraisons.

– A peu près quinze jours; trois semaines au maximum.

– Non, car cela serait indépendant de notre volonté. Mais depuis de

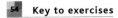

nombreuses années nos rapports cadres-ouvriers sont très bons.

– Depuis quelque temps maintenant le nombre de chômeurs baisse.

– Oui, les affaires vont beaucoup mieux. Notre chiffre d'affaires a augmenté de vingt pour cent, et nous venons d'embaucher du personnel supplémentaire.

– Bien sûr. Nous nous tournons de plus en plus vers l'exportation. Nous venons de sortir deux nouveaux produits, et nous espérons en vendre un dans les pays membres de l'UE et l'autre dans les pays en voie de développement.

– Espérons que oui.

Section C

A   La France en 2010

a agriculture, textiles
b service sector, electronics
c (i) 3.1% (ii) a little under 2.6%
d cars and planes
e basic industries · parachemicals · non-ferrous metals

B   Entre emploi et chômage – le CES

a vrai **b** faux **c** faux **d** vrai **e** faux
f (i) faux (ii) vrai (iii) vrai (iv) faux

C   Boycott – la leçon des Anglo-Saxons

1 a Microsoft **b** Nike **c** McDonalds **d** Monsanto **e** Pepsi **f** Shell

2 a patron de supermarché
b progression de son profit net
c le tiers-monde **d** la majorité plurielle
e fonds de pension **f** unités de production

3 a the total number of job losses at Danone's biscuit factories in Calais and Ris-Orangis **b** the total number of job losses resulting from Danone's European restructuring programme **c** the recent net profit increase of the Danone Group **d** the number of left-wing MPs in the ruling coalition calling for a boycott of Danone's yoghurts and biscuits **e** the fall in Shell's sales in Germany and Holland following its decision to sink one of its drilling platforms in the North Sea five years ago.

Chapter 8 **Au centre commercial**

Section A

1 a (v) **b** (iv) **c** (ii) **d** (i) **e** (iii)

2 a au prix du porte-monnaie **b** au prix de la pochette **c** au pourcentage de réduction sur les achats d'articles de luxe **d** à la réduction accordée sur les autres articles

3 a porte-monnaie **b** femme **c** pochette **d** vendeuse **e** conseillée **f** chère **g** lui **h** bénéficier (profiter) **i** réduction **j** dépenser **k** cadeau **l** offrir **m** chez **n** était **o** lui **p** fleurs **q** confiserie **r** premier **s** galerie **t** paquet **u** aurait

Section B

A a Ah, si seulement elle avait trouvé un joli cadeau!
b Ah si seulement ils avaient choisi quelque chose de pas trop cher!
c Ah, si seulement elle m'avait conseillé!
d Ah, si seulement je m'étais renseigné sur les prix d'abord!
e Ah, si seulement j'avais pu payer par carte de crédit!

B a Si j'avais su qu'il y avait une réduction de quinze pour cent sur les manteaux, j'en aurais acheté un.
b Si j'avais su qu'il y avait une réduction de vingt pour cent sur les appareils-photos, j'en aurais acheté un.
c Si j'avais su qu'il y avait une réduction de vingt-cinq pour cent sur les disques, j'en aurais acheté un.
d Si j'avais su qu'il y avait une réduction de trente pour cent sur les chaussures, j'en aurais acheté une paire.
e Si j'avais su qu'il y avait une réduction de quarante pour cent sur les montres, j'en aurais acheté une.

C

a Ⓐ Est-ce qu'elle fera ses courses avant de quitter le centre-ville?
Ⓑ Oui, quand elle aura fait ses courses, elle quittera le centre-ville
b Ⓐ Est-ce qu'ils choisiront des fleurs avant de rendre visite à leurs amis?
Ⓑ Oui, quand ils auront choisi des fleurs ils rendront visite à leurs amis.
c Ⓐ Est-ce qu'elles se renseigneront sur les prix avant de se décider?
Ⓑ Oui, quand elles se seront renseignées sur les prix, elles se décideront.
d Ⓐ Est-ce que nous attendrons une demi-heure avant de nous en aller?

Ⓑ Oui, quand nous aurons attendu une demi-heure, nous nous en irons.

e Ⓐ Est-ce que vous parlerez de la hausse des prix avant de faire voir le catalogue au client?

Ⓑ Oui, quand j'aurai parlé de la hausse des prix, je (lui) ferai voir le catalogue (au client).

D a Bon, si c'est ça, je vais prendre celle-là.
b Bon, si c'est ça, je vais prendre celles-là.

c Bon, si c'est ça, je vais prendre celui-ci.
d Bon, si c'est ça, je vais prendre ceux-là.
e Bon, si c'est ça, je vais prendre celle-ci.

E a D'après les pouvoirs publics, les impôts auraient baissé.
b D'après les experts, la situation se serait détériorée.
c D'après les ingénieurs, le système d'emballage se serait amélioré.

🔊 F

	Floor	Goods	Reduction
a	basement	Yves St Laurent: men's suits	50%
b	basement	raincoats	25%
c	basement	jackets	50%
d	basement	trousers	50%
e	ground	leather goods	25%
f	ground	Dior lipsticks	15%
g	first	designer dresses	→ 40%
h	first	ladies spring coats	30%–40%

Jeu de rôle 1

Première partie

— Je cherche un cadeau pour (offrir à) ma femme/sœur. Pourriez-vous me conseiller?

— Elle a beaucoup de foulards, et je voulais quelque chose de plus inattendu.

— Ça c'est une bonne idée. Je n'y avais pas pensé. Il fait combien celui-là?

— Il faut que je dépense combien pour pouvoir bénéficier du bon de réduction?

— Je ne voulais pas dépenser autant. Le sac à main serait trop cher.

— Merci, madame; vous m'avez bien aidé, mais je vais réfléchir.

Deuxiéme partie

— Oui, pour ma femme/sœur. Quelque chose de différent . . . pas trop 'classique'.

— Oui, ils sont très jolis. Ça ferait un bon cadeau.

— Les deux ensemble feraient combien?

— Alors vingt-neuf euros pour le collier et 22,50 euros pour les boucles?

— Cinquante et un euros et cinquante centimes en tout. C'est bien. Je les prends.

— Je suis invité à dîner chez des amis. Pourriez-vous me conseiller sur le choix d'un cadeau à leur offrir?

— Des fleurs coupées seraient peut-être une bonne idée. Quel dommage! Je suis passé devant chez un fleuriste ce matin. J'aurais pu en acheter!

— De l'autre côté de la galerie sur la droite, au premier étage à gauche.

— Merci, madame. Vous avez été très serviable. Je reviendrai (le chercher) quand j'aurai acheté mes fleurs.

Section C

A Les cartes des grands magasins

1

		Samaritaine	Printemps
Cost of card		free	free
Introductory offer		n/a	− 10% first day
Max. APR (spend)		16,80% (irrespective)	19,56% (→ 1526,70 €)
Min. APR (spend)		6,49%* (150 € +)	17,40% (1526,70 € +)
Interest-free repayments	*no. of repayments*	4	3
	minimum spend	300 €	152,67 €
Free parking	*time allowed*	2hrs	n/a
	minimum spend	75 €	n/a
Other stores/outlets where card may be used		n/a	Fnac Redoute Conforama (*Finaref* card stores)

*payments must be made within 10 months.

2 a Ces cartes de grands magasins, qui sont d'habitude gratuites/offertes gratuitement et valables chez une multitude de partenaires, vous donnent (droit à)/accordent un compte de crédit renouvelable.
b Le TEG annuel et les mensualités varient selon le montant de vos achats.
c Certaines cartes vous donnent droit au parking gratuit et au remboursement/ paiement en trois ou quatre fois sans frais.

B   Le Centre commercial de Parly 2

• 60 000m² of shopping area containing 200 shops including branches of big-name stores (BHV, Printemps) selling everything from food to diamonds

• Luxurious setting brought about by use of high-quality building materials such as black granite, steel, rare hardwoods and coloured glass; 2 levels linked by escalators opening onto covered, air-conditioned 'open plan' shopping mall with water features and exotic gardens

• adequate free parking; free parking service provided by centre staff; car wash and servicing/tuning/fitting facilities available at filling-station workshop

• games and entertainment organised for children at Mini-club; bars, restaurants and cafeterias; driving school; car-hire; pushchairs and wheelchairs available

C   Décisions difficiles pour le Groupe Galeries Lafayette

1 a Monoprix & Télémarket (food retailing).
b Percentage of the group's current half-year turnover earned from food retailing.
c The area would support two on-line supermarkets .

2 a métier de cœur **b** il est très couteux d'aller amener le produit à domicile (pour le client) **c** les coûts d'exploitation **d** le commerce alimentaire **e** plus vous vendez, plus vous perdez

3 See transcription (relevant text in fourth paragraph).

Chapter 9 **Dîner chez des amis**

Section A

📷 **1 a** trouvé, été, plan **b** ont été, appartement, naissance, leur **c** préfèrent, loin, ancien **d** bricole, détendre, étagères, faites, nouvel **e** fils, été, langues, aimerait, quittera, bac **f** commencé, sa, repris, partiel **g** été, avait, trouver, cherchait

Section B

A a Bien sûr que j'ai été déçu(e) par le rayon cadeaux!
b Bien sûr qu'il a été impressionné par Parly 2!
c Bien sûr qu'elles avaient été aidées par le plan!
d Bien sûr que les Dubois seront invités un jour par Mr Sanderson!
e Bien sûr que ma fille serait intéressée par les langues!

B a Parce que sinon je n'aurais pas été embauché(e).
b Parce que sinon il aurait été ruiné.
c Suggestion: Parce que sinon il aurait été mal accueilli par sa femme!
d Suggestion: Parce que sinon ils auraient été abandonnés par les consommateurs / clients.
e Suggestion: Parce que sinon elle aurait été obligée de payer plus cher

C a Oui, on l'a servi tout de suite.
b Oui, on l'estimait bien dans le monde des affaires.
c Oui, on le signera demain.
d Oui, on les avait envoyés en Allemagne.
e Oui, on l'aura reçue avant la fin de la semaine.

D a Le vin blanc se boit très frais.
b Les sacs à main se trouvent au rayon maroquinerie.
c Les amis de Mr Sanderson s'appellent Dubois.
d Les croissants se mangent au petit déjeuner.
e Mon nom s'écrit . . .

📷 **E a** on m'a emmené directement au siège social.
b on m'a présenté au directeur général.
c il s'intéressait beaucoup.
d on m'a fait visiter.
e qui s'était construite.
f **qui sera ouverte** (passive).
g on m'a assuré.
h **pourraient y être installées** (passive).
i **J'ai été invité** (passive).
j on m'avait toujours dit.
k on m'a servi (un excellent repas).

F J'avais été invité(e) plusieurs fois par des amis qui s'appellent Dupont et qui habitent près de Versailles à dîner chez eux au cours d'une de mes fréquentes visites à Paris. Mais chaque fois pour une raison ou pour une autre, j'avais été empêché(e) d'accepter leur aimable invitation. Cependant, en août dernier, j'ai pu aller les voir et j'ai été impressionné(e) par leur nouvel appartement, qui avait été admirablement décoré par Monsieur Dupont, qui est un bricoleur de première classe. On m'a servi un excellent repas et Madame Dupont, qui n'était jamais allée en Angleterre, m'a demandé s'il était vrai qu'on ne buvait pas souvent de vin aux repas, en dépit du fait qu'on pouvait en acheter dans la plupart des supermarchés. Je lui ai dit qu'en fait, chaque année, en dépit de son prix qui augmentait sans cesse, on achetait de plus en plus de vin. Malheureusement, ça a été bien trop vite l'heure de partir, et après s'être dit au revoir, j'ai été raccompagné(e) à mon hôtel par Monsieur Dupont.

Jeu de rôle 1

— Pas de problème; j'ai été très aidé(e) par votre plan du quartier.

— Oui, mais j'ai pris la précaution de quitter mon hôtel de bonne heure pour éviter la circulation.

— Enchanté de faire votre connaissance madame. Permettez-moi de vous offrir ces fleurs.

— Je vous en prie. C'est la moindre des choses.

— . . . s'il vous plaît. Vous avez un joli appartement. (Vous êtes bien installés.)

— Vous avez tout à fait raison. Nous avons une maison individuelle en banlieue qui nous plaît beaucoup. C'est une vieille maison, mais j'aime bricoler dedans quand j'ai le temps.

— Merci madame, ça a l'air délicieux. Vous avez des enfants?

— Oui, deux filles. L'aînée vient d'avoir cinq ans et la cadette a trois ans.

— Non. Quand les enfants seront en âge d'aller à l'école, peut-être qu'elle reprendra du travail à temps partiel.

— J'ai été très impressionné. J'ai trouvé le cadeau que je cherchais. La vendeuse était très serviable.

— Oui, et de ma soirée chez vous bien sûr.

— Non. Il est tard et il faut que je rentre. Merci pour cet excellent repas et une soirée très agréable. J'espère que vous viendrez nous rendre visite en Angleterre.

Section C

A Ce que consomment les Français

a tiers **b** boire **c** fumer **d** l'habillement
e loger **f** chauffer **g** deux **h** plus **i** il y a
j santé **k** téléphoner/communiquer
l déplacer **m** 17,2 **n** trentaine
o dépenses **p** loisirs **q** augmenté
r depuis

B L'été en or du commerce de détail

1

Sector	% (+/−)
overall average	+8.2
food	+9.9
books and stationery	+12.3
toys and gifts	+11
sports goods	+8.2
health & beauty	+12.7
hardware/DIY	+6.9
photography	−2.9

2 a Spokesman for Rhône-Alpes Chamber of Commerce.

b Because they didn't start until July.

c (i) People have more free time because of the 35-hour week.

(ii) As **i** above + seasonal weather.

d • there were price checks

• consumers were particularly vigilant during the early months following the changeover to the euro

• not in retailers' interest to exploit customers

• 'rounding down' should have resulted in lower prices for certain goods

C Vers la fin des bac+2

1

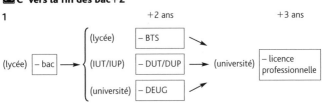

2 **a** vrai **b** faux **c** faux **d** vrai

3 **a** gestion immobilière **b** la vie professionnelle / le monde du travail **c** statut cadre **d** remise à niveau des compétences en informatique **e** management de la distribution **f** besoins de formation **g** management des associations **h** commerciaux

Chapter 10 **Lettre d'affaires**

Section D: Exercises

A En-têtes

	Levelec	Infogiciel	Kaufman
Type of company (plc, etc)	private limited liability company	public limited company	public limited company
Share capital	77000	160000	154000
Products/services	electrification equipment for lifting gear	software engineering services – design & sales	laboratory and clinical equipment
Region*	Rhône-Alpes	Provence-Alpes-Côte d'Azur	Alsace
City where registered & commercial register number	Lyon B 876 401 632	Marseille B 198 413 531	Strasbourg B 187 402 698
e-mail	levelec@ levelec-sarl.fr	communication@ infogiciel.fr	gustave@ kaufman.co.fr
website	www.levelec.fr	http://www. infogiciel.fr	www.kaufman.fr

B **Mise en page**

HOMEDECOR

Windsor Park Road
Reading
Berkshire
tel: 0118 656728   fax: 0118 656714

Ets. Ducor,

3, rue de l'Empereur,

B.P. 36

03203 VICHY Cedex

France.

Reading, le 4 mars 200...

nos réf.: MB/JY

objet: v/demande de renseignements.

p.j.: 1 catalogue.
1 liste de prix.

à l'attention de Monsieur Jospin

Monsieur,

C Formules de politesse

a En vous remerciant de votre commande à laquelle nous apporterons tous nos soins, nous vous prions d'agréer, cher Monsieur Fontugne, l'expression de nos sentiments dévoués.

b En vous remerciant de l'intérêt que vous portez à nos produits, nous vous prions d'agréer, Messieurs, l'expression de nos sentiments dévoués.

c Nous vous renouvelons toutes nos excuses pour ce contretemps, et, en espérant que cette erreur n'aura pour vous aucune conséquence fâcheuse, nous vous prions d'agréer, chère Madame, l'expression de nos sentiments dévoués.

d En vous assurant que nous ferons tout notre possible pour résoudre ce problème, nous vous prions d'agréer, Monsieur (le Directeur Général), l'expression de nos sentiments les plus dévoués.

🎧 D Translation (for transcription see p. 19)

(for transcription see p. 19)

a Dear Sir

Please find enclosed our invoice relating to your order of 17th June, delivered to you on the 23rd of the same month.

You will notice that, in accordance with our general conditions of sale, we have allowed a discount of 5% in respect of a cash settlement. We would therefore be obliged if you could forward your remittance, either by giro transfer or cheque within the next week. After this date we would no longer be able to grant the discount.

Yours faithfully,

b Dear Sirs

We are sorry to have to inform you that we are unable to supply the five articles you ordered in your letter of the 27th March, with a guarantee that current prices will still apply in six months time.

Very frequent rises in the cost of the various raw materials used in our manufacturing process, regular wage increases and the threat of new taxation which is shortly to be levied, are all reasons which prevent us from accepting your order under the terms you state.

Once again, please accept our apologies.

Yours faithfully,

E Messieurs,

Nous vous remercions de votre lettre du 25 mai et de l'intérêt que vous portez à nos produits.

Veuillez trouver ci-joint les renseignements que vous avez

demandés. Un échantillon de nos bonbons à la framboise vous sera envoyé sous pli séparé.

Nous vous signalons que nos conditions précisent paiement à la commande, mais, en tant que nouveau client, vous bénéficieriez d'un escompte de 5%. Les prix cités s'entendent franco de port.

Nous garantissons livraison dans un délai de quinze jours à dater de la réception, dans nos bureaux, de votre commande écrite.

Dans l'attente de recevoir bientôt votre commande, à laquelle nous apporterons tous nos soins, nous vous prions d'agréer, Messieurs, l'expression de nos sentiments dévoués.

F   Messieurs,

Nous vous accusons réception de votre courrier du 2 mai, et vous prions de nous excuser pour le retard et les erreurs dans votre livraison.

Au reçu de la marchandise que vous nous avez renvoyée, nous nous engageons à vous expédier, par retour du courrier, les articles conformes à votre commande.

Nous établirons également une nouvelle facture qui tiendra compte du fait que nous nous étions engagés à prendre à notre charge les frais d'emballage.

Nous vous renouvelons toutes nos excuses pour ce contretemps, et pour vous dédommager nous vous proposons un escompte de 3% sur votre prochaine commande.

Dans l'espoir que de telles erreurs ne se reproduiront plus, veuillez agréer, Messieurs, l'expression de nos sentiments dévoués.

G Messieurs,

Je vous prie de bien vouloir me réserver une chambre pour deux personnes avec salle de bains et WC, ainsi qu'une chambre individuelle avec douche et WC pour les nuits du 15 et du 16 juin.

Veuillez me faire savoir le prix des chambres (TTC) et du petit déjeuner, si celui-ci n'est pas compris dans le prix de la chambre.

Pourriez-vous également m'indiquer si vous acceptez paiement par carte de crédit Visa ou Access.

Nous comptons arriver en voiture entre 18h00 et 20h00 le 15, donc je voudrais savoir si l'hôtel dispose d'un garage.

Je vous serais reconnaissant(e) de bien vouloir confirmer cette réservation dans les quinze jours à venir, et, dans cette attente, je vous prie de recevoir, Messieurs, mes salutations les meilleures.

H

1

FAX:
MURRAY & SONS,
Crystal, Glass and China Ware,
236 High Street, Maldon, Essex, CM5 8LM
Tel: 01621 993461   Fax: 01621 993344

De la part de/From: Monsieur Webster, Directeur du Service des Achats
Destinataire/To: Chef du Service des Ventes, Ets Quinten

No de Fax/Fax Number: 18 34 1652 185 379

Nombre de pages qui suivent/Number of pages to follow:

❐ Suite à notre entretien téléphonique/Following our telephone
   conversation

❐ Suite à votre contact du: avec:
   Following our conversation of: with:

☑ Suite à votre lettre/fax du: *29/5*
   Following your letter/fax dated:

❐ Pour information/For information:

❐ Transmission uniquement par fax/Fax transmission only

❐ Original suivra par courrier/Original to follow by post

❐ Merci de bien vouloir confirmer la réception de ce fax
   Please confirm receipt of this fax

❐ Merci de bien vouloir rappeler/Please, call back

☑ Merci de bien vouloir faire le nécessaire/Please deal with as necessary

MESSAGE:

Veuillez <u>confirmer</u> que les prix <u>cités</u> s'appliquent et sont franco de <u>port</u> et
d'<u>emballage</u> et que vous pouvez <u>effectuer</u> livraison le 20 juillet au plus <u>tard</u>.
Si oui, <u>veuillez</u> nous expédier la marchandise suivante:
– 6 services de table, modèle Ballett, réf. 5119 à 330 €
– 6 services à gâteau, modèle Saturn, réf. 17115 à 197,50 €
– 6 services à café, modèle Saturn, réf. 28596 à 86 €
Nos salutations <u>les meilleures</u>.

2

FAX

WESTLANDS TRAVEL Ltd
Cathedral Road, Exeter
Devon, EX14 8JP
Tel.: 01392 563710   Fax: 01392 564891
E-mail: gfj;@westrav.co.uk

De la part de: Geoff Jones, Directeur du Marketing

Destinataire: M. Lambert, Hôtel du Théâtre
No de Fax:

Nombre de pages qui suivent:

☐ Suite à notre entretien téléphonique

☐ Suite à votre contact du: avec:

☑ Suite à votre lettre/fax du: 16/8

☐ Pour information:

☐ Transmission uniquement par fax

☐ Original suivra par courrier

☐ Merci de bien vouloir confirmer la réception de ce fax

☐ Merci de bien vouloir rappeler

☑ Merci de bien vouloir faire le nécessaire

MESSAGE:
Veuillez réserver pour les nuits du 3 et 4 octobre:
• 15 chambres doubles avec salle de bains et WC
• 1 chambre individuelle avec douche et WC
Petits déjeuners inclus.
Prière de confirmer la somme de 1830 €, TTC
Nos salutations les meilleures.

I Offres d'emploi

Filiale d'un groupe d'Ingénierie en forte croissance

recherche

Secrétaire (assistant) de direction bilingue (français-anglais) H/F

pour assurer:

- le secrétariat classique – appels (téléphone), frappe (rédaction) de la correspondance et des comptes rendus, gestion (des) agendas, organisation et préparation de réunions, séminaires et déplacements, collecte de données
- la mise en place et tenue de systèmes de classement
- l'interface (la liaison) avec les différents services du site et du siège

Vous êtes autonome, doté d'un bon relationnel et savez gérer les priorités. La maîtrise micro-informatique (des outils informatiques) (Word, Excel, Powerpoint) est impérative (indispensable).

Vous justifiez impérativement d'une expérience de trois ans minimum.

Rémunération de 24500–30500 € selon profil.

2

Groupe pharmaceutique international

recherche

Assistant comptable H/F (2 postes)

En relation avec le responsable comptable vous prendrez en charge les travaux de contrôle (le contrôle) des entrées et sorties de stock et des factures d'achat, et le suivi des comptes clients et fournisseurs.

Vous possédez idéalement une première expérience en cabinet comptable et vous êtes rigoureux et polyvalent.

Nous ferons évoluer les candidats de valeur et offrons un plan d'intégration personnalisé.

Merci d'adresser (envoyer) lettre de candidature (votre dossier) manuscrit(e), CV et photo à . . .

---

③

> *Société leader dans la fabrication et distribution de boissons non alcoolisées*
>
> recherche
>
> ## Attaché commercial H/F
>
> Vous serez chargé de:
>
> - gérer un portefeuille clients existants
> - prospecter de nouveaux comptes
> - augmenter (améliorer) notre part de marché en grande distribution
> - assurer la mise en place rapide de (nos) nouveaux produits en hyper- et supermarchés (GMS)
> - optimiser les linéaires disponibles pour nos marques
>
> Si vous êtes fortement motivé et (vous) possédez (avez) une expérience acquise dans la grande distribution, nous (vous) proposons une rémunération attractive (fixe + pourcentage + frais + voiture de fonction)

Chapter 11 Visite à l'usine

Section A

🔊 1 a Il a laissé un mot à sa secrétaire pour la prévenir de son absence.

b On y trouve l'atelier de fabrication et de montage.

c La chaîne de montage ne s'arrête jamais, parce que le travail se fait par équipes.

d Il faut trois minutes pour fabriquer une pièce complète.

e Les ouvriers ont un salaire fixe pour une semaine de quarante heures, avec possibilité de faire des heures supplémentaires et de toucher des primes.

f On a choisi une femme comme chef du personnel, parce que la main d'œuvre est essentiellement féminine.

g Les manutentionnaires chargent la marchandise dans les conteneurs dans l'entrepôt, et les conteneurs sont après pris en charge par les camionneurs.

h La direction les a recyclés. (Ils ont été recyclés.)

i Il a fallu en recycler les deux tiers (66%).

j Des visiteurs japonais sont attendus pour la semaine prochaine.

Section B

A a veux, preniez **b** désire, avertissiez **c** souhaitons, vienne **d** voulons, fassiez **e** aimerais, écrive, aille

B a Je suis très navré(e)/désolé(e) qu'il ait eu un accident de voiture.
b Je m'étonne que vos ouvriers fassent souvent la grève.
c C'est curieux/bizarre que votre collègue ait eu des ennuis avec sa nouvelle voiture.

d C'est dommage qu'elle soit partie avant la fin de la visite.
e Je suis surpris(e) qu'ils aillent chaque année passer leurs vacances au même endroit.
f C'est honteux que les ouvriers immigrés soient souvent mal payés par rapport à leurs homologues français.

C a faut; réduisions nos effectifs **b** fallu; elles suivent des cours d'informatique **c** fallait; qu'il y reste (restât) toute la journée **d** faudrait que nous fassions/vous fassiez quelque chose **e** elle lui avait posé des questions, il aurait fallu qu'il y réponde (répondît)

D a vienne **b** puisse **c** soit **d** aille **e** trouve **f** ait **g** ait **h** soit **i** font **j** repartent **k** choisissent

E

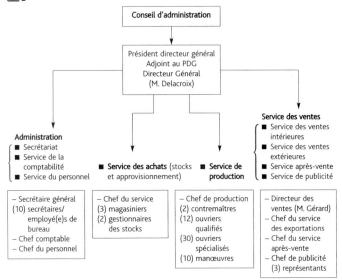

Jeu de rôle 1

– Bonjour, madame. Soyez la bienvenue dans notre usine.

– Voulez-vous que je vous fasse visiter l'usine tout de suite?

– Il faut que je prévienne ma secrétaire, pour qu'elle sache où je suis. Je vais lui laisser un mot.

– Voici un plan de l'usine. Les ateliers sont tous groupés dans la même aile. C'est là que nous irons en premier.

– On est ici dans l'atelier de montage. Les ouvriers sur cette chaîne travaillent par équipes.

– Ils ont un salaire fixe pour une semaine de trente-neuf heures, mais ils peuvent faire des heures supplémentaires et toucher des primes suivant leur rendement.

– Comme vous le voyez, notre main d'œuvre est essentiellement féminine. Mr Taylor est le contremaître, mais notre chef du personnel est une femme, Mrs Jeffries.

– Nous voici maintenant au service de contrôle de qualité. Vous remarquerez qu'il se trouve à côté du service d'emballage et d'expédition.

– Oui, quand nous nous sommes restructurés il a fallu recycler certains ouvriers, mais personne n'a été licencié.

– Non. Les affaires vont bien. Les commandes affluent de toutes parts, mais, pour l'instant, nous pouvons faire face.

– Quel dommage que vous n'ayez pas le temps de visiter nos bureaux.

– Bien. Voulez-vous que je vous emmène au bureau de Mr Champness?

– Vous voici arrivée! Je vous verrai tout à l'heure, au déjeuner, car le directeur général veut que je fasse l'interprète.

Exercice d'interprétation

Wilson Monsieur Buron, permettez-moi de vous présenter Mademoiselle Johnson qui va être notre interprète pendant votre visite de l'usine. C'est une de nos secrétaires bi-lingues.

Buron It's good to see that there are employees who know French. I regret not having had the opportunity to learn English when I was at school.

Wilson Eh bien, comme vous le voyez Monsieur Buron, tous les ateliers sont groupés dans la même aile du bâtiment. Quel service aimeriez-vous que je vous fasse voir en premier?

Buron I would very much like to see the assembly workshops since they were modernised.

Wilson C'est ici que nous fabriquons nos produits. Grâce à ces nouvelles machines, nous pouvons faire une pièce complète toutes les quatre minutes.

Buron Are your staff on piece-work in this workshop?

Wilson Non, les syndicats viennent de signer un accord avec la direction pour supprimer le travail au rendement. Ils ont préféré recevoir un salaire fixe pour une semaine de quarante heures.

Buron But in France the rates of pay vary depending on whether you are on day or night shift.

Wilson Oui, bien sûr. Les ouvriers sont obligés de faire équipe de nuit une semaine sur trois, et ils reçoivent un salaire plus élevé cette semaine-là. Les deux autres semaines ils ont l'occasion de faire des heures supplémentaires s'ils le veulent. Il y a aussi un système de primes.

Buron If possible, I would like to have a look at your dispatch department before I leave.

Wilson Avec plaisir. Après la fabrication, les articles doivent passer dans le service de contrôle de qualité et de là ils vont au service d'emballage et ensuite ils viennent ici pour être expédiés.

Buron These containers make loading and dispatch much easier. You must have had to lay off some workers I suppose.

Wilson Non, nous avons recyclé la plupart d'entre eux. Maintenant aimeriez-vous visiter nos services de publicité et d'administration avant de partir?

Buron No thank you, another day perhaps. It's a pity I don't have time today, but I must be in Manchester this evening. I must admit that I have been favourably impressed by your factory, and if you let me have 5% discount and guarantee the agreed delivery dates, I'll place an order immediately.

Wilson Je suis désolé que vous ne puissiez rester plus longtemps, mais je suis sûr que nous pouvons traiter affaires. Habituellement nous accordons un escompte de trois pour cent à tous nos clients sur tout paiement comptant, mais pour les nouveaux clients comme vous, et, étant donné l'importance de la commande, nous serions heureux de vous accorder cinq pour cent. Il est peu probable que nous puissions vous donner plus à l'heure actuelle.

Section C

A La semaine de 25 heures . . . et la retraite à 70 ans

1 a En 1880 un ouvrier français *travaillait* en moyenne environ *70* heures par semaine, mais à l'heure actuelle la durée de la semaine de travail n'est que de *35* heures, c'est-à-dire exactement la *moitié*.

b La réduction du temps de travail a été due à des méthodes de production de plus en plus *efficaces* et cette tendance va s'accélérer grâce à la nouvelle *technologie*.

c Pour répondre à la *demande* croissante de temps libre des salariés il faudra que la société *mette* en place une nouvelle organisation du travail basée sur l'*année* et les besoins *individuels*.

d Il faudrait que les employés *puissent* choisir de travailler *moins* ou pas du tout à certaines périodes de leur vie.

e L'avantage de cette *souplesse* dans l'organisation du travail c'est qu'elle permettrait d'allonger la *durée* d'activité. Ainsi les *25–55 (jeunes)* seraient moins stressés en *travaillant* moins et les *personnes* âgées

pourraient continuer à travailler jusqu'à 70 ans, voire plus si elles *voulaient*.

2 a Dans les années 1880, à une époque où les enfants travaillaient douze heures d'affilée dans les mines, on prenait Paul Lafargue, le gendre de Karl Marx, pour un illuminé parce qu'il militait pour que les ouvriers ne travaillent pas plus de trois heures par jour.

b La réduction du temps de travail tombe bien parce que la demande de temps libre n'a jamais été aussi forte.

c Il faudra que la nouvelle organisation du travail soit plus souple que le vieux modèle pour permettre aux employés (salariés) de prendre un congé paternel, reprendre des études, travailler à temps partiel ou prendre une année sabbatique.

B L'industrie: que recouvre ce terme?

1

Biens intermédiaires	Biens d'équipement professionnel	Matériel de transport terrestre	Biens d'équipement ménager	Biens de consommation courante
plastiques textiles	laboratoires de langues, tracteurs, locomotives électriques, machines-outils	voitures diesel	téléviseurs couleurs, congélateurs, aspirateurs	disquettes, ampoules électriques, stylos à mines

2 a les produits de consommation 'grand public' **b** les matériaux de construction **c** les biens d'équipement (professionnel) **d** la construction navale **e** les industries agro-alimentaires **f** la sidérurgie **g** On peut définir le terme d'**industrie** soit d'une manière plus restrictive qui limite l'industrie au secteur manufacturier, soit d'une manière exhaustive (plus large) en incluant certains services.
h On parle à tort de l'industrie hôtelière ou de l'industrie du tourisme alors que ces activités devraient relever des services.

🔊**C Chômage au féminin – témoignage**

1 a avait, travaillait, douze, habillement/entreprise, été, dizaine **b** soient, hausse, commandes **c** avis, les, chômeurs, puisse, exonérée **d** désavantagées/défavorisées, soit, métiers, touchent/gagnent **e** crise, emplois, puisse

2 a chômeuses
b une main d'œuvre meilleur marché
c on renvoie les femmes à leurs casseroles
d des filières désuètes ou mal rémunérées
e la vie professionnelle

Chapter 12 **La publicité et les médias**

Section A

1 a vrai **b** vrai **c** faux **d** vrai **e** faux **f** vrai

2 a Le tirage (la diffusion) des quotidiens de province est supérieur(e) à celui (celle) des journaux nationaux.
b Les hebdomadaires et mensuels, surtout les magazines destinés aux téléspectateurs ou aux femmes, jouissent d'une forte diffusion.
c Toutes les chaînes de télévision françaises, qu'elles soient publiques ou privées, font de la publicité.
d TF1 possède la part d'audience la plus importante de toutes les chaînes et le tarif des spots publicitaires aux heures de forte écoute est très élevé.

e Le CSA réglemente la diffusion de la publicité et fixe la durée des spots publicitaires pour une heure donnée.
f Bien que les programmes (émissions) soient réalisé(e)s en France et qu'ils/elles soient destiné(e)s aux auditeurs français, la radio commerciale est diffusée par des stations périphériques à Monte Carlo, dans la Sarre et au Luxembourg (Grand Duché).

Section B

A a Nous ferons paraître une annonce dans un quotidien à condition que vous ayez les fonds nécessaires.
b Il ne faut pas décider quoi que ce soit avant que vous ayez consulté une agence de publicité.
c Nous allons rester en France jusqu'à ce que nous parlions couramment le français.
d Nous emprunterons le reste de l'argent à moins que vous ne voyiez une autre solution.
e Il y a des spots publicitaires sur toutes les chaînes bien qu'il y en ait davantage sur les chaînes privées.

B a vous fassiez paraître une annonce (réclame) dans un quotidien **b** le magazine jouisse d'une grande diffusion **c** elle puisse trouver une meilleure situation (un meilleur emploi/poste) **d** vous n'ayez pas le temps **e** je fasse des progrès

C a Mais qu'elle me téléphone demain!
b Mais qu'elle fasse un stage en Angleterre!
c Mais qu'il prenne une assurance!
d Mais qu'il ne se décide pas tout de suite!
e Mais qu'ils n'aillent pas passer leurs vacances en Italie!

D a Mais vous êtes sûr qu'il n'y a aucun employé qui veuille accepter ce genre de travail?
b Mais vous êtes sûr qu'il n'y a rien qui fasse effet dans des cas comme ça?
c Mais vous êtes sûr qu'il n'y a aucune garantie qui soit valable plus de deux ans?
d Mais vous êtes sûr qu'il n'y a personne qui puisse m'aider?

E See page 22.

Jeu de rôle 1

– Donc il a été décidé de consacrer des fonds à la promotion de vos produits sur le marché français?
– Voyez-vous, une presse nationale au même titre qu'en Angleterre n'existe pas vraiment en France.

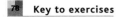

– C'est vrai, mais leur tirage est faible. Il faudrait plutôt que vous fassiez paraître de la publicité dans les quotidiens de province, mais il y en a à peu près dix-huit en tout!

– En effet, des hebdomadaires et des mensuels. Il y en a une telle quantité sur le marché qu'on a vraiment l'embarras du choix. Je vous dresserai une liste des magazines féminins et d'actualité populaires ainsi que de leur tirage.

– Toutes les chaînes sauf deux sont commerciales, mais toutes les chaînes, qu'elles soient publiques ou privées font de la publicité, bien que France Deux et France Trois ne permettent pas de spots publicitaires au milieu des émissions pour l'instant.

– Il y a quatre stations principales qui émettent sur l'ensemble de la France, c'est-à-dire France Inter, Europe Un, RTL et Radio Monte Carlo. Les trois périphériques sont commerciales. Cependant, en outre, il y a de nombreuses stations locales qui émettent sur la gamme FM, dont beaucoup font de la publicité de marque.

– Je me renseignerai sur les tarifs locaux et vous les ferai savoir, mais avant que vous fassiez quoi que ce soit il faudrait que je vous mette en contact avec une bonne agence de publicité française.

Section C

A TV5, la première chaîne mondiale en langue française

1 number of ex-patriate French nationals; number of households able to receive TV5; the budget of TV5 is one third less than BBC World or *Deutsche Welle* (ie its counterparts in Britain and Germany); the percentage of its programmes TV5 takes from French public broadcasting channels (France Télévision and Arte); TV5's current average audience in Europe and North Africa; approximate number of viewers watching TV5 every day

2 a TV5, *diffusée* sur des *canaux* satellite et des *réseaux* câblés est *destinée* aux *francophiles* et francophones partout dans le monde.
b TV5 recycle/retransmet des programmes non seulement des chaînes *publiques* françaises mais aussi *ceux* des trois autres grands pays *francophones*, c'est-à-dire la *Belgique*, la *Suisse* et le *Canada*.
c Un grand avantage du *numérique* c'est qu'il permet de faire passer *plusieurs* canaux au lieu d'un. Ainsi, en *transmettant/diffusant* des

programmes *identiques* sur plusieurs *zones* on *résoud/évite* le problème du *décalage* horaire. En plus le *numérique* rend possible le soutitrage en plusieurs *langues*, ce qui *permet* aux *téléspectateurs* francophiles qui ne *maîtrisent/comprennent* pas bien le français de *suivre/comprendre* les programmes.

3 magnétoscope, diffusion numérique, décalage horaire, téléspectateurs francophones, chaînes publiques, diffuser, grille (de programmes)

📺 B Message publicitaire (see p. 22)

To put a small ad in *Le Figaro* just ring 44 35 80 00. Lines are open from 8.30 am to 10.00 pm and until 1.00 pm on Saturdays. 44 35 80 00 – it's quickly done and you can pay with your bank card. 44 35 80 00 – all the power of *Le Figaro* behind your small ad.

Chapter 13 **Affaire conclue**

Section A

1 a abordable **b** conflits sociaux **c** solides **d** tout est réglé **e** prix franco domicile **f** article haut de gamme **g** vous avez obtenu gain de cause? **h** traiter affaire

3 a eu, entretien, réglé/résolu **b** avait, lui, faisait, pourrait **c** voulait, franco domicile, ajoute, sortie, transport, coût, assurance, celui **d** soit, lui, taux, Royaume-Uni, moins **e** régler/payer, aurait, escompte, 2,5, réglait, serait **f** quant, variaient, semaines, moyenne, passe

Section B

A

a	L3793	381 €	– packaging – transport – insurance	90 days/end of month	3 wks
b	JG7396	575 €	– transport and insurance from port of entry	50 days	3–4 wks
c	TA115J	91 €	– VAT – packaging – sea transport	cash but with 3.5% discount	1 wk

B 👥 Exercice d'interprétation

Ⓐ J'aimerais que vous me fassiez voir vos nouveaux produits haut de gamme avant que je remplisse le bon de commande.
Ⓑ With pleasure. Well now, these are the latest and I think they will be well received by your customers. You can see how smart they are and yet strong at the same time.

Ⓐ Ils ont l'air assez solide, je l'avoue. Espérons quand même qu'ils sont plus fiables que les anciens modèles!
Ⓑ Which models do you mean?

Ⓐ Il s'agissait de vos modèles SY soixante et onze et JT quatre-vingt-treize que nous avons achetés il y a deux ans.
Ⓑ Oh yes. I remember. We did indeed have a few problems with those two models, especially in the early stages, just after their launch on the home market. But we sorted it all out subsequently.

Ⓐ Je me souviens, on a eu des problèmes à obtenir gain de cause auprès de votre service après-vente à l'époque. Mais tout s'est finalement arrangé pour le mieux.
Ⓑ Good, I'm relieved to hear it! So, if you placed an order, what quantities would we be talking about?

Ⓐ Ce serait pour cinquante modèles en tout. Trente haut de gamme, et vingt bas de gamme, pourvu que nous puissions nous mettre d'accord sur le prix. Quel escompte accorderiez-vous sur ces quantités-là?
Ⓑ Usually 5% on the total pre-tax price, but perhaps a little more for cash.

Ⓐ Nous ne payons jamais comptant. Les fournisseurs britanniques nous donnent normalement soixante à soixante-cinq jours à dater de la livraison de la merchandise, et avec un escompte d'au moins trois pour cent!

Ⓑ I'm sure we can do business. But before making you a final offer, we must agree on our conditions of sale and delivery schedules.

Ⓐ Si je ne me trompe pas, vos prix s'entendent départ-usine et comprennent les frais d'emballage et la TVA, mais il faut ajouter à peu près huit pour cent pour les frais d'assurance et de transport. C'est bien ça, n'est-ce pas?

Ⓑ That's right, and delivery takes about a fortnight on average. Look, let me see to it, and I'll send you a definitive offer in the next few days.

Ⓐ Je vous remercie, je vous serais reconnaissant si vous pouviez faire activer les choses un petit peu, car nous aimerions les lancer (écouler) sur le marché le plus vite possible.

Ⓑ Don't worry! You will have our offer within a week, and the prices we quote will apply until April.

Ⓐ Bien. J'ai hâte de la recevoir.

Jeu de rôle 1

— Vous avez pu voir le chef du service après-vente?

— Vous avez obtenu gain de cause?

— Je suis soulagé de vous l'entendre dire. Dans le cas éventuel où vous auriez d'autres ennuis, n'hésitez pas à m'en faire part. J'essayerai de faire activer les choses.

— Oui, il faut ajouter les frais de transport et d'assurance.

— Il faut compter sur un supplément de huit pour cent.

— Bien sûr, et il est conçu pour les longs voyages.

— Malheureusement la livre est trop forte en ce moment, ce qui n'est pas une bonne chose pour nos exportations.

— Il est abordable vu la qualité du produit. N'oubliez pas que le taux de TVA est plus bas qu'en France.

— Trente jours/fin de mois, et cela vous donnerait droit à un escompte de deux virgule cinq pour cent.

— Je vais voir ce que je peux faire, et je vous ferai parvenir notre offre finale dans les jours qui viennent.

— Je suis très heureux que nous ayons pu traiter affaires.

— Je suis ravi de vous l'entendre dire. Je vous souhaite un bon retour. Au plaisir de vous revoir madame.

Section C

A Budget

A	B	C	D	E	F
6	3	4	1	7	8

B La bataille de l'euro

a number of consumers within the European Union; number of British jobs which depend on Europe; percentage of Britons opposed to single currency; percentage of Britons who consider that adoption of euro within ten years is inevitable; date at which assessment of five criteria/conditions will be made prior to referendum

b rester à la traîne, ceci dit, la monnaie unique, adopter la politique de l'autruche, une grosse bêtise, un modèle unique pour tous, le Ministre des Finances britannique, les grands de la distribution, (une) pénétration rampante de l'euro

c See transcription on page 25.

d (i) Denmark and Sweden.
(ii) The fact that the ECB sets a single interest rate for the whole of the euro-zone / the Bank of England loses its freedom to set the rate it feels appropriate for the UK economy.
(iii) Interest rates, budgetary rigour, inflation, unemployment.
(iv) The first, ie sustainable convergence of the UK economy and the economies of the euro-zone.
(v) income tax, gas and telephone bills; pub chains and museums.
(vi) Convenience of having one currency for most of the continent, price transparency, reduction in commission charges for changing currency.